Zu diesem Buch

Eine fünfköpfige Familie reist drei Wochen lang quer durch die USA – Mama, Papa und die Kinder Sophie, Nicolas und Nesthäkchen Katharina. Dieses Buch ist die Erzählung einer Reise voller Abenteuer und Erlebnisse im Land der unbegrenzten Möglichkeiten. Die Autorin und ihre damals achtjährige Tochter haben jeden Tag in ihrem Tagebuch beschrieben und nehmen den Leser so mit auf die spannende Reise durch mehrere US-Bundesstaaten. Die Familie lässt den Leser teilhaben an ihrer Planung und Durchführung und jeden Tag passiert etwas Neues und Aufregendes. Höhepunkte sind dabei unter anderem das Sea World in San Diego, der Weg hinab in den Grand Canyon und Papas spektakulärer Auftritt in David Copperfields Zaubershow in Las Vegas und vieles mehr.

Daniela Penn, Jahrgang 1974, ist als Medizinübersetzerin und Medical Writer tätig. Sie ist verheiratet und Mutter von drei Kindern, mit ihrer Familie lebt sie in Neustadt an der Weinstraße. Bücher und das Schreiben sind seit jeher eine Leidenschaft von ihr. 2200 Meilen - mit der Familie durch die USA ist nun ihr erstes Buch, bei dem auch ihre Tochter mitgewirkt hat.

Daniela Penn

2200 Meilen

mit der Familie durch die USA

www.tredition.de

© 2014 Daniela Penn

Umschlag, Illustration: Daniela Penn

Lektorat: Janina Wiesler

Verlag: tredition GmbH, Hamburg

ISBN

Paperback	978-3-7323-5593-8
Hardcover	978-3-7323-5594-5
e-Book	978-3-7323-5595-2

Printed in Germany

Das Werk, einschließlich seiner Teile, ist urheberrechtlich geschützt. Jede Verwertung ist ohne Zustimmung des Verlages und des Autors unzulässig. Dies gilt insbesondere für die elektronische oder sonstige Vervielfältigung, Übersetzung, Verbreitung und öffentliche Zugänglichmachung.

Für Sophie, Nicolas und Katharina

Inhaltsverzeichnis

Ein paar Worte vorausgeschickt	9
Tag 1: Es geht los: Wir fliegen nach Chicago!	17
Tag 2: Sonntags in Chicago	28
Tag 3: Jetzt geht es in Richtung Downtown Chicago	39
Tag 4: Happy Birthday, Papa!	56
Tag 5: Und noch ein Geburtstag	65
Tag 6: Unsere Reise geht weiter	77
Tag 7: Eroberung der neuen Stadt	89
Tag 8: San Francisco heute aus einer anderen Perspektive	107
Tag 9: Weiter in Richtung Süden	132
Tag 10: Wo die Reise uns hinführt	148
Tag 11: Unser Ziel heute: Los Angeles	161
Tag 12: Eine Reise durch Los Angeles	173
Tag 13: San Diego – wir kommen!	187
Tag 14: San Diego und Sea World	203

Tag 15: American Way of Life in San Diego – ein gemütlicher Tag	220
Tag 16: Bye, bye San Diego! Auf in die Wüste!	229
Tag 17: Grand Canyon oder Deutschland ist ein Dorf	243
Tag 18: Ein fast einsamer Ritt durch die Prärie	258
Tag 19: Auf geht es jetzt nach Las Vegas!	273
Tag 20: Viva Las Vegas oder Vegas Baby!	293
Tag 21: Der letzte Tag	314
Tag 22: Auf dem Heimweg	322
Zu guter Letzt	329
Danke	333

Ein paar Worte vorausgeschickt

Die Vorbereitungen sind bereits in vollem Gange, denn wir befinden uns im Endspurt vor unserem großen Abenteuer in den USA. Dieses Jahr werden wir unseren Urlaub nämlich im Land der unbegrenzten Möglichkeiten verbringen. Die Planung des Vorhabens läuft nun seit etwa einem Jahr, denn eine solche weite und lange Reise erfordert eine gute Vorbereitung. Wir, das sind der Papa, Markus, unsere Älteste, Sophie, mit acht Jahren, der Sohnemann, Nicolas, mit seinen sieben Jahren und unsere Kleine, die fünfjährige Katharina. Ja, und ich, die Mama, Daniela, bin auch mit an Bord und ich beschäftige mich gerade intensiv damit, was wir alles mitnehmen werden.

Die eigentliche Idee, diese Reise zu machen, ist also schon über ein Jahr alt und reifte im Laufe des letzten Sommers weiter aus. Vergangenes Jahr hatten wir uns nämlich nach sechseinhalb Jahren wieder mit unseren Freunden aus Chicago während ihres Deutschlandaufenthalts getroffen. Sie luden uns damals wiederholt zu sich nach Hause ein und da wir nicht weitere sechseinhalb Jahre bis zu einem nächsten Wiedersehen verstreichen lassen wollten, nahmen wir diese Einladung an.

Nun lohnt es sich aber nicht – weder preislich noch aufgrund der großen Zeitumstellung zwischen Chicago und Deutschland – dass eine fünfköpfige Familie mal eben so nach Chicago fliegt. Deshalb entwarfen wir einen richtiggehenden „Schlachtplan" für einen intensiven USA-Urlaub und planten zusätzlich noch eine Rundreise durch Kalifornien im Anschluss an den Besuch bei unseren Freunden ein.

Wir befassten uns ausführlich mit dem Thema und ließen uns ein solches Szenario mehrmals durch den Kopf gehen. So hängten wir also nach umfangreichen Planungen und Überlegungen Kalifornien mit einer Rundreise von San Francisco über Los Angeles, San Diego, Grand Canyon, Zion Nationalpark und zum Schluss Las Vegas an den Aufenthalt in Chicago mit dran. Die gesamte Strecke der Rundreise wollten wir dabei im gemieteten Auto fahren – von Hotel zu Hotel. Bis die endgültige Reiseplanung jedoch final wurde, war es ein sehr langer und reger Prozess mit mehreren Sitzungen am Wochenende auf unserer Terrasse oder abends auf dem Sofa.

Dabei war Chicago an sich nicht das Problem, da wir hier ja unsere Freunde besuchten. Das sind Anni, meine Freundin und Kollegin, ihr Mann Jose sowie die beiden Kinder Max und Leia. Max ist so alt wie Sophie und Leia im gleichen Alter wie Nicolas.

Schnell hatten wir auch die Gesamtdauer der Reise festgelegt: Insgesamt planten wir drei Wochen und für den Anfang in Chicago erschienen uns fünf bis sechs Tage durchaus angemessen. Die restlichen Tage mussten wir dann sinnvoll auf die weitere Rundreise verteilen.

Nachdem die Gesamtdauer und die ersten Tage feststanden, begannen wir mit der Planung und Festlegung der eigentlichen Etappen der anschließenden Rundreise. Über den Aufenthalt in Chicago machten wir uns diesbezüglich keine Gedanken, das konnten wir getrost auf uns zukommen lassen, denn unsere Freunde würden sich bestimmt etwas für uns überlegen.

Zu Beginn dachten wir, dass uns die Rundreise doch von San Francisco über Los Angeles nach San Diego, den Grand Canyon, Las Vegas und zum Schluss über den Yosemite Nationalpark bis wieder San Francisco führen könnte. Das waren laut der Berechnung über Google Maps insgesamt über 4000 Kilometer. Und uns war das für etwas länger als zwei Wochen einfach viel zu lang. Wir kürzten also die Reise um den Yosemite Nationalpark und hatten somit die Endpunkte San Francisco und Las Vegas feststehen. Nun stellte sich allerdings die Frage, welche Richtung wir uns vornehmen. Beginnen wir in Las Vegas oder lieber in San Francisco? Wir spielten mehrere Versionen und Strecken durch. Letztendlich trafen wir die Entscheidung, den Highway Number One von San Francisco nach Los Angeles, also von Nord nach Süd, zu fahren und Las Vegas war dann der geplante Reiseabschluss. Für den Flug hieß das, dass wir zusätzlich zum Inlandsflug von Chicago nach San Francisco einen Gabelflug brauchten, denn wir würden von Deutschland aus nach Chicago, aber von Las Vegas zurück nach Deutschland fliegen.

Ein solches Modell wirkt sich auf die Kosten aus, denn Gabelflüge sind von Natur aus teurer. So fanden wir im Rahmen der verschiedenen Preisvergleiche und Flugoptionen den Abflughafen Düsseldorf. Hier bekamen wir den Gabelflug für die gesamte Familie glatt um 2000 Euro günstiger als es vom für uns näheren Flughafen in Frankfurt der Fall war. Wir mussten lediglich mit dem Auto nach Düsseldorf fahren, aber dafür waren die Parkkosten am Flughafen Düsseldorf sehr erträglich und sogar günstiger als in Frankfurt.

Auch das Fortbewegungsmittel während der Rundreise war schnell festgelegt. Wir hatten die Option Wohnmobil und Campingplätze oder ein Auto mit jeweiliger Übernachtung im Hotel oder Motel. Wir entschieden uns gegen ein Wohnmobil und für ein Auto, nämlich einen richtigen US-SUV, und als Übernachtungsoption jeweils für ein Hotel. Das schien uns für unsere Familie praktischer, da es mit fünf Personen auf engem Raum, wie es in einem Wohnmobil der Fall ist, über längere Zeit doch zu Spannungen kommen kann. Und schließlich wollten wir keinen unnötigen Stress, wir hatten Urlaub und eine schöne Reise vor uns.

Nachdem nun die Entscheidung für das Auto gefallen war, ging es an die Detailplanung der einzelnen Etappen. Im Vordergrund stand für uns dabei, dass die einzelnen Strecken nicht zu lang sind. Hier überlegten wir besonders lange und es dauerte eine ganze Weile, bis wir mit dem Endergebnis zufrieden waren. Dabei achteten wir auch darauf, nicht am Wochenende in Los Angeles oder Las Vegas zu sein, denn am Wochenende ist in diesen beiden Städten eine Menge los. Der Hauptgrund für diese Überlegung war aber, dass die Hotels samstags und sonntags mit sehr viel höheren Kosten zu Buche schlagen, als es unter der Woche der Fall ist. So ganz ließ sich diese Planung aber nicht realisieren, da letztendlich der Rückflug von Las Vegas aus auf einen Samstagmorgen fiel.

Bei all dieser Planung machten wir uns natürlich auch Gedanken, wie das wohl die Kinder wegstecken würden. Gerade für sie hielten wir die Fahrtetappen ja eher kürzer, doch insgesamt ließen sich zwei längere nicht vermeiden. Man wird sehen, wie das funktionieren wird. Die Vorfreude ist nun, nachdem alles weitestgehend steht, einfach riesengroß und die Erwartungen, die wir in diese Reise setzen ebenfalls. So etwas hatten wir zusammen und auch als Familie noch nie gemacht.

Tja, und jetzt geht es los, die ganze Planung wird umgesetzt und Realität: Voller Vorfreude, die nun schon seit Wochen anhält – ich zähle seit Langem die Wochen – packe ich die Koffer ausnahmsweise nicht erst am Tag vor der Reise, sondern bereits ein paar Tage im Voraus. Hierzu erstellen wir gemeinsam eine Liste mit den wichtigsten Dingen, die einzupacken sind und an die wir denken müssen, damit auch wirklich nichts vergessen wird. Alles, was wir mitnehmen, muss letztendlich in einen großen Koffer, zwei rollbare, koffergroße Taschen und in eine vierte Tasche, die im Moment noch in einer der drei anderen verstaut wird, passen. In diese vierte Tasche kommen vor Ort die Badesachen hinein und zum Schluss können wir sie als zusätzliche Tasche für die möglicherweise erworbenen Errungenschaften nutzen.

Ab jetzt wird dieses Buch nun mit der gesamten Reise wachsen. Es soll nicht nur ein Reisebericht sein, nein, ich plane, daraus noch viel mehr zu machen. Neben meiner jeweils aktuellen Berichterstattung des Erlebten und des Tagesgeschehens an jedem einzelnen Tag unserer Reise wird auch unsere große Tochter täglich ihren Beitrag aus der Sicht eines achtjährigen Mädchens schildern. Das ist der Plan. Und nun werden wir sehen, wo wir mit diesem Plan letztendlich landen. In vier Tagen um diese Zeit mit dem Flugzeug in Chicago, das steht schon einmal fest.

Die Reise und unsere Geschichte mit allem, was wir in den USA erleben werden, können also beginnen. Ich wünsche Ihnen viel Spaß beim Lesen und Miterleben des großen USA-Abenteuers unserer fünfköpfigen Familie, das sich nun Seite für Seite füllen wird.

Aus Sophies Tagebuch...

Es ist kurz vor unserem Urlaub. Ich bin schon ganz aufgeregt. Wie wird unser Urlaub werden? Und was soll ich alles mitnehmen? Auf jeden Fall wird es ein Abenteuer.

Und wir sollten unbedingt nur wenig Koffer und Taschen mitnehmen! Aber trotzdem so viel, dass das reinpasst, was wir mitnehmen wollen! Ich bin schon so gespannt!

Tag 1: Es geht los: Wir fliegen nach Chicago!

Lange haben wir darauf gewartet. Erst wurden die Monate, dann die Wochen und zum Schluss die Tage gezählt. Und nun ist der große Tag gekommen. Jetzt wird sich auch zeigen, wie gut unsere akribische Vorarbeit war. Ich sitze gerade am Flughafen Düsseldorf und wir warten auf den Abflug. Vor meinem inneren Auge lasse ich die letzten 24 Stunden Revue passieren.

Bis jetzt lief alles völlig entspannt und stressfrei ab. Das traf im Übrigen auch auf das finale Packen am Vortag zu. Wir hatten ja schon alles vorbereitet und so waren die drei Koffer und Taschen schnell gepackt und alles war für diese Art von Urlaub und im Vergleich zu unseren vorherigen Urlauben auf Korsika, wofür wir immer mit einem bis unter das Dach vollgepackten Auto unterwegs waren, recht übersichtlich. Jeder Koffer blieb schön unter dem Mindestgewicht und es war sogar noch Platz darin. Zu Hause musste auch nicht viel urlaubsfertig gemacht werden, da ab heute sozusagen die Oma Urlaub bei uns machte und sich um alles kümmerte. Das erleichterte die Abreise auch ungemein, denn man muss nicht nachschauen, ob alle Fenster zu sind und der Müll noch entsorgt werden musste und nicht drei Wochen vor sich hingammelte.

So war der gestrige Tag also insgesamt sehr ruhig und heute ging es bisher genauso tiefenentspannt weiter. Meine innere Uhr funktioniert auf jeden Fall, auf die ist wie immer Verlass. Die ganze Zeit schon sprachen wir davon, dass wir am Abreisetag morgens um vier Uhr aufstehen werden, damit wir ganz gemütlich zum Düsseldorfer Flughafen fahren können.

Gestern Abend entschlossen wir uns dann aber noch dazu, den Wecker auf 4:30 Uhr zu stellen, da vier Uhr vielleicht doch ein wenig zu früh ist. Es ist ja alles abfahrtbereit. Aber die körperliche Uhr war richtiggehend „preset", also voreingestellt, und ich war um Punkt vier Uhr wach.

Mein Mann und ich standen also doch so früh auf, richteten uns her und tranken noch gemütlich einen Kaffee. Dann waren die Kinder dran. Die schliefen natürlich alle noch tief und fest und bei zweien war doch etwas mehr Überredungskunst nötig, um sie zum Aufstehen zu bewegen.

Punkt fünf Uhr saßen wir alle abfahrtbereit im Auto. Staufrei, ohne Pause und mit ebenso wenig Stress kamen wir dann um acht Uhr in Düsseldorf am

Flughafen an. Hier zeigte sich, dass wir mit der Wahl mit dem Auto zum Flughafen zu fahren und nicht mit der Bahn, genau richtig lagen. Denn ausgerechnet am Abend vor unserer Abreise kam es zu einem Zusammenstoß eines Güterzuges mit einem Eurocity bei Mannheim. Nicht nur, dass es Verletzte gab. Nein, auch der Zugverkehr war am Samstag beeinträchtigt. Und wer weiß, ob unter diesen Umständen alles so reibungslos geklappt hätte wie mit dem Auto. Denn über Mannheim mussten wir ja schließlich fahren. Grundsätzlich hatten wir auch überlegt, dass wir mit dem Auto im Falle eines Staus immer mehrere Optionen bezüglich verschiedener Autobahnen und Strecken haben. Wenn wir aber einmal im Zug sitzen und er fährt nicht oder nicht mehr weiter, dann fliegt unser Flieger womöglich ohne uns in die USA.

Während der Fahrt holte nur die Jüngste etwas Schlaf nach und dann waren wir auch schon da. Im zuvor gebuchten und bereits bezahlten Parkhaus fanden wir verhältnismäßig schnell unseren Platz. Die Nummer des Stellplatzes habe ich mir gemerkt, es ist die 2077. Da steht er nun, unser Ali, so heißt unser Familienauto, für drei Wochen.

Mit der Skybahn fuhren wir zum Abflugterminal. Als Erstes gaben wir unser Gepäck auf und anschließend frühstückten wir, da wir ja an diesem Morgen bisher nur einen Kaffee getrunken hatten. Der zweite Kaffee war mittlerweile fällig und die Kinder bekamen Kaba. Nach der Stärkung ging es anschließend durch die Sicherheitskontrolle. Hier war so wenig los, dass wir nicht mal eine Sonderbehandlung als Familie mit Kindern benötigten. Bisher wurden wir eigentlich immer irgendwo schnell durchgelotst, wenn wir mit den Kindern unterwegs waren. Aber das große Anstehen gab es an diesem Morgen nicht und so waren wir gleich durch.

Die Sicherheitskontrolle ist für mich immer der unangenehme Teil beim Fliegen und ich mache mir dabei auch immer Gedanken um die Kinder. Doch die meisterten das souverän; schließlich war es ja auch nicht ihr erstes Mal. Die anschließende Pass- und Zollkontrolle war ebenfalls entspannt und nun warteten wir also auf das Boarding.

Das Abenteuer begann und es fing ruhig und unbeschwert an. Nach all dem Stress der letzten Wochen war das ein sanftes Übergleiten in drei spannende, vor uns liegende Wochen. Dazu passte auch die Musik, die bei der Hinfahrt zum Flughafen im Autoradio lief: mit Coldplay und James Blunt auf den letzten Kilometern zum Flughafen. Das passt einfach optimal zum bisherigen Ablauf.

Und genauso locker ging es mit dem Flug weiter. Schon lange hatten wir in Düsseldorf abgehoben und es waren noch zwei Stunden und 40 Minuten bis zur Landung. Wir befanden uns bereits auf dem amerikanischen Kontinent. Die längste Strecke hatten wir also geschafft und ich konnte, wie üblich, mal wieder nicht schlafen. Aber da ich nie in irgendetwas schlafe, das sich fortbewegt, ist das ja nichts Neues. Einen Moment hatte ich sogar ein Tief und mir fielen fast die Augen zu, aber ich werde letztendlich nie erfahren, ob das meine Premiere mit dem Schlafen in einem Fortbewegungsmittel gewesen wäre, denn just in dem Moment, in dem es vielleicht funktioniert hätte, musste Sohnemann auf die Toilette und ich kam gerade als seine Begleitung in Frage.

Aber nicht nur ich machte den gesamten Flug ohne Schlaf durch, auch die zwei Großen hatten kein einziges Mal seit heute Morgen um 4:30 Uhr die Augen zugemacht. Nur der Papa und die Kleinste und die würden dann nachher wahrscheinlich auch am muntersten sein.

Man merkte, dass die Kinder flugerprobt sind, und dass das nicht ihr erster Flug war. Unsere Städtereisen und hier insbesondere London, wo wir alle zusammen waren, und Wien – da waren Sophie und ich vor eineinhalb Jahren – machen sich bezahlt. Sie verhielten sich absolut tadellos. Obwohl dieser Flug ja wesentlich länger als alles bisher Dagewesene war. Das Essen hat den Großen auch geschmeckt, es gab Hühnerfrikassee für die Kids, und Sophie merkte gleich an, wie lecker das sei.

Für die Erwachsenen gab es Rindergulasch oder Ravioli zur Auswahl. Ich hatte mich für die Ravioli, der Papa sich für das Gulasch entschieden. Die Jüngste war wie üblich mal wieder am Meckern, was das Essen betraf, aber verhungern tat sie deshalb nicht so schnell. Wahrscheinlich würden nach achteinhalb Stunden Entertainment-System auch die Augen viereckig sein. Doch die Dauerbeschallung hat gerade bei einem solchen Langstreckenflug durchaus seine Vorteile für Kinder und die Eltern. Da machen dann dieses eine Mal viereckige Augen auch nichts aus. Ich selbst spare mir nun das Lesen des Buches „Medicus", von dem ich bisher gerade das erste Kapitel gelesen hatte, denn mit dem Film und mit einem eher mittelmäßigen Thriller habe auch ich mir etwas die Zeit vertrieben.

Insgesamt ist das also ein sehr angenehmer Flug. Jetzt bin ich auf Chicago gespannt. Wir sind im Landeanflug.

Die Spannung hält nun aber zunächst noch an und wir werden bei der Einreise in die Vereinigten Staaten erst einmal ganz schön auf die Folter gespannt. Im Flieger wurden wir ja bereits bezüglich der zum Teil sehr langen Wartezeiten mit bis zu vier – ja tatsächlich vier – Stunden vorgewarnt. Die eine Stunde, die wir dann in der Tat anstehen – völlig übermüdet nach knapp neun Stunden Flug – reicht uns allen dann aber auch schon. Die Schlange ist lang und wirklich jeder, der nicht US- oder kanadischer Bürger beziehungsweise Repeated Esta-Immigrant, ein Wiederholungs-Einreisender mit demselben Esta-Visum, ist, muss von allen zehn Fingern Abdrücke abgeben und wird fotografiert. Nur die Kinder werden verschont, die sind schließlich keine potenziellen Terroristen. Wobei ich mir da bei unserer Jüngsten nicht so sicher wäre. Energie wie eine Handgranate hat sie ja.

Die Dame am Schalter ist aber trotz Überlastung und monotoner Arbeit sehr nett und gleich zu einem Smalltalk aufgelegt. Wir bemühen uns trotz der Müdigkeit ebenfalls um einen Smalltalk: Immer schön freundlich sein, denn diese Dame entscheidet darüber, ob wir einreisen dürfen. Doch sie ist uns wohlgesinnt und wir haben es geschafft.

Unsere Koffer sind nach all der Warterei natürlich bereits da und nach dem erneuten kurzen Anstehen an der Zollkontrolle ist es dann endlich geschafft. Welcome to Chicago! Wir sind da, in den USA und in Chicago! Wir sind angekommen!

Nach einer kleinen Suche und ersten Orientierung finden wir unter all den Wartenden vor dem Ankunftsterminal unsere Freunde Anni, Jose, Max und Leia und sie uns. Als Erstes holen wir nach der Begrüßung das Auto ab, das wir für Chicago gemietet haben. Mir fällt gleich der Name der einen Straße auf: Mannheim Road. Sie verläuft direkt am Flughafen und aus der Ecke Mannheim kommen wir ja gerade hier in Chicago an. Was für ein Zufall und ich fühle mich gleich heimisch.

Nicht so ergeht es uns im Auto, oder nennen wir das Fahrzeug vielleicht lieber ein Schiff. Der XXL-SUV hat riesig viel Platz, sodass man vom Beifahrersitz dem Fahrer zur Verständigung Rauchzeichen geben muss. Dazu gibt es noch einen Hebel am Lenkrad zur Bedienung der Automatik anstelle des von uns gewohnten Schaltknüppels. Eine neue Erfahrung, die zusätzlich noch zu den neuen Dimensionen des Fahrzeugs hinzukommt.

Und dann noch die Straßen und die hier geltenden Verkehrsregeln... Die sind so völlig anders als in Europa. In New York ist mir das früher nie aufgefallen, aber da sind wir auch nicht selbst mit dem Auto gefahren. In den USA gibt es an Kreuzungen Stoppschilder und wer zuerst kommt, malt zuerst. Auch die Ampeln stehen hinter der Kreuzung, was ein gewöhnungsbedürftiger Anblick ist, denn kommt man an eine Kreuzung, ist die Ampel optisch noch ganz weit weg.

Im Auto schlafen dann letztendlich die zwei Großen doch noch kurz ein. Dieses kurze Nickerchen reicht ihnen aber, um genügend Energie zu tanken, um zu Hause bei unseren Freunden noch bis abends um neun Uhr Ortszeit durchzumachen. Nach unserer Ankunft bei unseren Freunden verkrümeln sie sich nämlich mit Max und Leia in deren Zimmer und wir bekommen sie eine ganze Weile nicht mehr zu Gesicht.

Doch kurz vor dem Abendessen, das unserem Zeitgefühl nach irgendwann mitten in der Nacht gewesen sein muss, tauchen sie wieder auf. Wir machen an diesem ersten Tag durch bis es in Chicago Abend ist, denn schließlich wollen und müssen wir ja in den Rhythmus kommen. Auch das Essen war den Tag über schon recht chaotisch abgelaufen. Frühstück am Flughafen Düsseldorf, dann gab es etwas im Flugzeug und am Ende des Fluges noch einen Snack. Der Körper war im Hinblick auf die Uhrzeit bereits völlig durcheinander und wir sind nun zur Abendessenszeit hier vor Ort schon über 24 Stunden wach.

Und dieser Tag, der ausnahmsweise mal mehr als 24 Stunden hatte, ging für uns dann um zehn Uhr Ortszeit am Abend zu Ende. Die Kinder sind bereits eine Stunde zuvor ins Bett. Wir sind angekommen und haben nun, so O-Ton Sohnemann „drei Wochen Urlaub"!

Das war der erste Tag. An seinem Ende frage ich mich noch, bevor ich hundemüde ins Bett falle, was die Amerikaner nur mit all den Daten, die sie da Tag für Tag von allen Einreisenden sammeln, machen. Dieses Prozedere geht mir jetzt noch mal durch den Kopf: Das sind von jeder Person zehn Fingerabdrücke, das macht bei 1000 Personen 10.000 Fingerabdrücke... Darüber darf man gar nicht erst nachdenken!

Aus Sophies Tagebuch...

Heute Morgen mussten wir um vier Uhr aufstehen. Dann sind wir in unser Auto gestiegen und drei Stunden gefahren. Am Flughafen haben wir gefrühstückt und eingecheckt. Dann hieß es erst mal warten, warten und noch mal warten. Und jetzt sitze ich im Flugzeug.

Als das Flugzeug gelandet ist, haben wir im Flugzeuggang ein bisschen warten müssen. Dann sind wir ins Flughafengebäude gegangen und dort mussten wir schon wieder und dieses Mal lange warten, da wir unsere Pässe vorzeigen mussten. Mama und Papa mussten sogar ihre Hände abdrücken. Dann haben wir am Ausgang auf unsere Freunde gewartet. Schließlich sind wir zu unseren Freunden nach Hause gefahren.

Tag 2: Sonntags in Chicago

Es ist bereits Montagmorgen und ich komme erst jetzt dazu, den vorherigen Sonntag aufzuschreiben. Bereits am ersten Tag haben wir so viel erlebt, es war wahnsinnig ereignisreich und ich bin am Abend dann einfach nicht zum Aufschreiben gekommen.

Aber das hole ich jetzt nach:

Wie von allen prognostiziert und von uns befürchtet, schlug der Jetlag zumindest bei uns Erwachsenen wie gewohnt zu und wir waren ab vier Uhr wach. Die Kinder schliefen in dieser ersten Nacht nach dem XXL-Tag auch nicht lange und die ersten beiden waren ebenfalls bereits um sechs Uhr wieder unter den Lebenden. Aber immerhin waren das zwei Stunden mehr Schlaf; so hatten die Kinder wenigstens nicht das Problem überlegen zu müssen, was sie um 4:00 Uhr morgens, also noch fast mitten in der Nacht, anstellen sollen.

Ich benötigte als allererstes eine Dusche, dann ging es mir schon besser. Wir richteten uns alle der Reihe nach her und bis wir fertig waren, war es bereits 7:00 Uhr. Da wir im ausgebauten Kellergeschoss schliefen, hörten wir von oben auch schon Geräusche. Unsere Gastgeber waren also ebenfalls wach.

Als allererstes frühstückten wir. Unsere Kinder sind zum Glück nicht so anspruchsvoll, sie begnügen sich auch mit Cornflakes. Unser Sohnemann war ganz erstaunt, dass es sogar Eier gab und Katharina war vom Joghurt, den sie zum Frühstück tonnenweise vernichten konnte, vollkommen begeistert. Die Butter ist in den USA vorwiegend salzig. Das wusste ich auch nicht, denn beim letzten USA-Aufenthalt bestand unser Frühstück aus Bagels verschiedenster Art in einem coolen Shop in der Nähe des Times Squares in New York. Aber da hatten wir ja auch noch keine Kinder. Bei unseren Freunden frühstückten wir, wie es ganz normale amerikanische Familien tun. Und ich muss sagen, salzige Butter und Marmelade schmeckt auch irgendwie. Wobei man hier aber normalerweise die Marmelade ohne Butter isst, wie ich mir erklären ließ...

Auf dem Plan für diesen ersten Tag in Chicago stand ein Besuch beim Militär. Unser Freund war hier 20 Jahre lang und die letzten zehn Jahre davon in der Reserve stationiert. Nun stand sein Retirement, sein Ruhestand als Soldat, an und er sollte an diesem Sonntag im Rahmen eines Familientages an seiner Basis in Wisconsin verabschiedet werden. Wir gingen natürlich mit, denn so etwas ist eine Erfahrung, die kein normaler Tourist machen kann. Außerdem waren wir explizit eingeladen.

Die Fahrt dauerte für unsere Verhältnisse so lang wie ein Tagesausflug durch die halbe deutsche Republik, doch für amerikanische Verhältnisse war das ein Kurztrip auf der Interstate, einer Bundesstraße, die zwei US-Bundesstaaten miteinander verbindet, in den benachbarten Bundesstaat. In Milwaukee, der Stadt, in der sich die Militärbasis befand, fiel auf, dass sich hier jede Menge deutsche Einwanderer niedergelassen hatten. Insbesondere die wirklich sehr vielen Kirchen waren im mitteleuropäischen Stil gebaut.

An der Militärbasis angekommen, fuhren wir hinter unseren Freunden aufs Gelände. „They are good", „Die sind in Ordnung", war der Kommentar desjenigen, der an der Pforte die hineinfahrenden Autos kontrollierte, und wir waren drin. Wir benötigten noch nicht einmal einen Pass. Das kenne ich von deutschen US-Militärniederlassungen anders. Auf bestimmte Feste, die auch mit deutschen Gästen gefeiert wurden, kam man nur mit einem Personalausweis auf das Gelände.

Wir parkten und betraten dann alle gemeinsam eine Halle. Sie war sehr kahl, bis auf eine kleine Tafel vor der versammelten Truppe deutete nichts auf das kommende Ereignis hin. Gleichzeitig war sie recht groß und wenn man sich unterhielt, schallte das Echo von den Betonwänden wider. Die Klimaanlage surrte bei den sommerlichen Temperaturen draußen fleißig vor sich hin...

Extra für Joses Familie und für uns als Freunde der Familie waren Stühle auf der Seite gegenüber vom Eingang aufgestellt worden. Hier fand nun die Verabschiedung unseres Freundes im Rahmen eines kurzen Thrill-Instructor-Programms statt. Vor allem für die Kinder war das sehr interessant. Eine Gruppe Soldaten und Soldatinnen stand nach einem bestimmten Prinzip in Uniform und auch in Zivilkleidung vor einem Instructor, der die Gruppe in einem Slang richtiggehend anschrie. Obwohl der englischen Sprache mächtig, war es für Außenstehende überhaupt nicht zu verstehen. Der Militärslang und auch die Umgangsweise sind einfach etwas völlig anderes. Man schreit sich zwar an, behandelt sich gleichzeitig aber auch sehr respektvoll. Ein respektvolles Anschreien ist das also.

Unser Freund stand daneben und wurde vom Redner, der das Wort und Kommando hatte, ausgiebig gelobt. Dann kam er selbst an die Reihe und richtete einige Worte an die Soldaten. Anschließend war der nächste Soldat an der Reihe, dann wieder er und so ging es noch ein paar Mal weiter. Zum Schluss musste er salutieren und war entlassen. Der Instructor forderte die Soldaten auf, sich zu lösen und die Verabschiedung war zu Ende.

Anni, meine Freundin, war sehr gerührt und Jose nahm das alles mit der für einen Soldaten typischen militärischen Gelassenheit. Doch tief in seinem Inneren schien auch er von der Show, die seine Kollegen gerade für ihn abgezogen hatten, sehr ergriffen zu sein. Den Kindern war das eher egal, nur Max interessierte sich als amerikanischer Junge, der auch alles verstand, dafür. Unsere Kinder haben ja leider kein Wort verstanden und sind dem Treiben eher ungläubig gefolgt.

Während sich die anwesenden Soldaten mit Jose noch unterhielten und ihn beglückwünschten, gingen wir nach draußen. Da stand ein Hummer, ein US-amerikanischer Militärjeep, den die Kinder erobern durften. Alle Kinder, mit den beiden unserer Freunde fünf an der Zahl, setzten sich rein. Das Auto wurde sogar angeschaltet, sodass der Motor lief, und zusammen mit unserem Freund, der mittlerweile zu uns gestoßen war, und allen Kids gab es dann noch das Erinnerungsfoto auf der Motorhaube des Autos.

Anschließend eroberten die Kinder auf dem Gelände ein paar Sachen wie eine Hüpfburg und noch andere Späße, die aufgrund des Familientages für die anwesenden Kinder extra aufgestellt worden waren. Sie nahmen das dankend an. Es war sommerlich heiß, so um die 30 Grad. Ein Grill war aufgebaut und es gab Hotdogs, Burger und verschiedene Salate und Desserts. Wir aßen eine Kleinigkeit und das waren natürlich Burger. Die Kinder entschieden sich für Hotdogs, doch bei den beiden Mädels kamen die irgendwie nicht so richtig an. Ein typischer amerikanischer Lunch also – sehr „gesund" – mit Chips und Muffins zum Nachtisch.

Aufgefallen waren hier unsere Kinder, weil sie nur stilles Wasser getrunken haben. Cola ist in unserer Familie eher verpönt und geht gar nicht. Wirklich, unsere Drei mögen keine Cola! Mal schauen, ob das am Ende unserer Zeit hier in den USA immer noch so sein wird. Die Verlockung und Versuchung ist ja überall gegeben...

Ich unterhielt mich noch mit einem Soldaten mit österreichischen Wurzeln. Ursprünglich kamen seine Großeltern aus dem Sudetenland und sind nach Österreich ausgewandert. Dort lebten dann auch seine Eltern und er wurde dort geboren. Irgendwann später ging er in die USA, wo er sogar Soldat geworden ist. Ich hatte ja bereits erwähnt, dass hier in der Ecke viele mitteleuropäische Wurzeln vergraben sind. Das sieht man nicht nur an der Architektur der Kirchen.

Gestärkt machten wir uns auf die Rückfahrt. Auf der Hinfahrt hatten wir schon diverse Outlets an der Interstate gesehen. Nachdem ich meine Leidenschaft für Sketcher-Schuhe erwähnt hatte, gingen wir kurzerhand noch in ein schön klimatisiertes amerikanisches Einkaufszentrum direkt an der Interstate kurz vor Chicago. Wir wurden auch fündig; natürlich nur für die Kinder. Auffällig sind hier auf alle Fälle die Preise und die unzähligen „Special Offers" – die Sonderangebote für jeden nur erdenklichen Anlass. Jede Gelegenheit wird genutzt, um die Produkte günstiger zu verkaufen. Die zwei Paar Sketcher-Schuhe kosteten so gerade mal 60 Dollar. Für das Geld bekomme ich zu Hause nur ein einziges Paar.

Auch im Disney-Store wurden wir fündig und der Vergleich zum selben Store in Paris, in dem wir just drei Wochen zuvor standen, war einfach nur frappierend. Eine kleine Star Wars-Figur kostete in Paris 25 Euro. Hier waren es 19 Dollar und nun kommt noch der derzeit günstige Wechselkurs ins Spiel...

Das Einzige, was für die Erwachsenen abfiel, war letztendlich noch ein Eis. Das war aber auch nicht schlimm, denn auf unserer Reise war das bestimmt nicht die letzte Mall.

Wir waren wie gesagt schon kurz vor Chicago und fuhren zurück in die Stadt direkt zum Abendessen in ein Steakhouse. Unterwegs kamen wir in ein kleines Gewitter, aber das war wirklich nur kurz. Doch es reichte, dass sämtliche Motorradfahrer sich unter Brücken unterstellten, damit sie nicht komplett durchnässt wurden.

Die Sicherheit der Motorradfahrer ist übrigens auch ein interessanter Aspekt, denn es gibt in den USA keine Helmpflicht. Und so fahren die Biker auf ihren Motorrädern ohne jeglichen Schutz wie Lederklamotten und Helm. Auch einen Nierengurt konnte ich bei keinem ausmachen. Das ist wirklich ein krasser Unterschied zu uns Deutschen. Laut unserer Freundin trägt einer von zehn Motorradfahrern einen Helm. Ja, die gibt es hier tatsächlich zu kaufen und einer von zehn trägt ihn sogar freiwillig! Ein Exote unter all den Bikern...

Wir kamen im Steakhouse an. Schon bei den Urlaubsvorbereitungen hatten wir festgestellt, wie unterschiedlich die Restaurant-Kultur in Europa und in den USA ist. Ist hier bei uns die Franchise-Kultur eher verpönt und hat den Touch von Fastfood und McDonalds, ist es in den USA üblich und vollkommen normal, in einem zu einer Franchise-Kette gehörendem Restaurant zu speisen. Hier verlässt man sich auf die Qualität bei einer Kette und egal wo man hingeht, bekommt man dort überall im ganzen Land dieselbe Qualität. Da weiß man, was man hat. Problemlos wurden Tische zusammengestellt, die Kinder wurden mit Stiften und Kinder-Speisekarten versorgt und waren beschäftigt. Ich bestellte ein Radler und da die Bedienung erst nicht so genau wusste, was ein „Shandy", nämlich mein Radler auf Englisch, ist, brachte sie mir vorab einen Mix und fragte, ob das so ok sei. Das und auch das Essen waren einfach super.

Man hält sich hier allerdings nicht stundenlang mit dem Essen auf. Wenn man fertig ist und keinen Nachtisch mehr möchte, kommt sofort ohne Aufforderung die Rechnung und man geht auch schon wieder. Der Tisch wird frei für den nächsten Gast. Time is Money.

Der Tag endete schließlich mit einem gemütlichen Abend zu Hause bei unseren Freunden und einem Glas kalifornischen Weins auf der Terrasse. Die

Kinder spielten noch zusammen, bis sie um neun Uhr ins Bett gingen.

Unser erster richtiger Tag ging zu Ende mit tiefgreifenden Einblicken in die amerikanische Kultur und das amerikanische Miteinander. Heute war ja Sonntag, doch davon hatten wir nicht wirklich etwas gespürt. Wir waren ganz normal shoppen gegangen, es kam zu Staus auf der Interstate auch ohne Berufsverkehr und das führte dazu, dass ich schon am ersten Tag eigentlich jegliches Zeitgefühl verloren hatte. Welchen Tag hatten wir heute doch gleich? Egal, es ist Urlaub!

Aus Sophies Tagebuch...

Am zweiten und ersten richtigen Tag sind wir um sechs Uhr aufgewacht und haben uns gewaschen. Anschließend sind wir zum Frühstück gegangen.

Nach dem Frühstück sind wir auf eine Feier bei den Soldaten von Amerika. Ich fand die Soldaten ganz toll und sie machten einen mächtigen Eindruck auf mich.

Anschließend sind wir in ein Einkaufszentrum und haben einige Sachen gekauft. Danach sind wir in ein Restaurant, wo wir gegessen haben. Ich habe Hähnchen mit Pommes gegessen. Meine Geschwister haben sich Spare-

ribs und einen Cheeseburger ausgesucht. Ich hatte keine Lust auf Burger heute.

Tag 3: Jetzt geht es in Richtung Downtown Chicago

Heute schaffe ich es aber, meine Aufzeichnungen noch am Abend zu erledigen. Und das auch wieder nach einem vollgepackten Tag. Ich sitze gemütlich auf der Terrasse im Garten unserer Freunde. Ihre beiden Hunde laufen fröhlich durch den Garten, die Kinder spielen irgendwo.

Nach dem Aufwachen, heute am zweiten Tag dann zwei Stunden später als noch am Vortag, nämlich um sechs Uhr, ließen wir es zunächst einmal ganz gemütlich angehen. Bis alle Kinder wach, gewaschen und angezogen waren, war es kurz nach sieben Uhr. Wir passen uns also so langsam an die Zeit und den Tagesablauf hier an. Außerdem hat man somit auch etwas vom Tag: „Der frühe Vogel fängt den Wurm." So heißt es doch.

Heute frühstückten wir im Garten auf der Terrasse. Schon beim Rausgehen ins Freie hatte ich so einen typischen Urlaubsduft in der Nase. Es roch einfach wie im Urlaub. So nach Sommer, Sonne und – ja – Urlaub einfach. Ich kann es nicht beschreiben, aber der Duft im Freien ist im Urlaub einfach anders als zu Hause. Ob am Meer, in den Bergen oder in der Stadt. Das ist für mich immer ein so typischer Duft, wahrscheinlich, weil das gesamte „System" auf „frei" und Urlaub umgestellt hat. Ein Erklärungsversuch. Aber zumindest fühlte ich mich schon richtig wie im Urlaub, als ich da so ins Freie trat.

Heute stand Downtown auf dem Programm, das wir ohne Jose absolvieren würden. Er arbeitet ja bei der Polizei und hatte sich für die Tage unseres Aufenthaltes hier freigenommen. Nur für Montag hatte das nicht geklappt und so musste er später am Tag, um zwei Uhr, zur Arbeit fahren und war bis abends um zehn Uhr weg.

Wegen der Rushhour am Morgen ließen wir alles aber ganz entspannt angehen. Die Kinder spielten zunächst noch zusammen und wir saßen gemütlich draußen. In dieser Zeit kam auch die Müllabfuhr vorbei, die den Müll nicht vor dem Haus, sondern hinter dem Haus und den dort sich befindenden Garagen einsammelt. Sie kommt hier zweimal pro Woche und nicht nur alle zwei Wochen wie bei uns zu Hause. Und man höre und staune: Das Thema Mülltrennung ist in den USA angekommen! Es gibt eine blaue Tonne, die unserem gelben Sack für Plastik entspricht. Und das Papier kommt in eine andere Tonne genauso wie der Restmüll. Es wird also nicht mehr alles zusammen weggeworfen. Ganz wie bei uns also...

Die Kinder bekamen von all dem nichts mit. Sie waren mit Spielen beschäftigt. Da wir heute zu acht waren und wir ja dieses riesige Monster-Auto hatten, wollten wir damit alle zusammen in die Stadt fahren. Bei der Übernahme des Wagens hatten wir die beiden zusätzlichen Sitze in der dritten Reihe entdeckt. Trotzdem hätte ein Erwachsener ein Kind auf den Schoß nehmen müssen. Der Polizist unter uns hörte dabei geflissentlich weg. Beim Aufbau der Sitze bemerkten wir aber schnell, dass dieses Auto eigentlich kein Auto, sondern ein Kleinbus ist. Die beiden Sitze ganz hinten entpuppten sich nämlich als drei und so war unsere Fahrt nach Downtown zu acht plötzlich ganz legal und jeder hatte seinen eigenen Sitz.

Gegen elf Uhr fuhren wir los. Trotz der acht Millionen Einwohner und der Größe der Stadt ist das Fahren völlig stressfrei. Es gibt deutlich weniger Schilder und die ein oder andere Regel wäre bei uns gar nicht möglich. Wie mir nach der Ankunft bereits aufgefallen war, haben an einer Kreuzung beispielsweise alle ein Stoppschild. Alle halten an und derjenige, der zuerst da war, fährt dann auch zuerst. In Deutschland würden die Fahrer wahrscheinlich erst einmal aussteigen und lautstark ausdiskutieren, wer Erster war oder man würde sich um die Vorfahrt prügeln. Deutschland ist diesbezüglich viel hektischer. Die Amerikaner sind hierbei viel entspannter, was uns ja bereits am Vortag aufgefallen war.

Die Parkhäuser sind hier natürlich auch alle eine Nummer größer und entsprechend auf XXL-Fahrzeuge eingestellt. In einem Mannheimer Parkhaus könnte man mit diesem Auto schlichtweg gar nicht parken. Doch hier ist das kein Problem. Wir fuhren am Lake Michigan entlang in die City und parkten in einem Parkhaus direkt unter dem Millenium Park. Wir fuhren mit dem Aufzug nach oben und als wir ankamen, hatten wir direkt die Skyline von Chicago vor der Nase. So hohe Häuser hatten die Kinder noch nie gesehen. Auch der See ist etwas Besonderes mit Stränden direkt am Stadtzentrum und erinnert dann doch eher an ein Meer oder an das Schwäbische Meer, da man auch hier nirgendwo ein anderes Ufer erblicken kann. Von den Stränden waren natürlich die Kinder hellauf begeistert, doch die standen heute noch nicht auf dem Programm. Wir hatten heute für unseren Ausflug in die Stadt deshalb auch keine Badesachen mitgenommen.

Heute ging es darum, Chicagos Innenstadt zu erkunden. Angefangen im Millenium Park, in dessen Mitte wir nach Verlassen des Parkhauses bereits standen. Hier befindet sich „The Bean", die Bohne, ein cooler Durchgang aus einem Material, das alles in 3D spiegelt und die Form einer Kidney Bohne hat, daher auch der umgangssprachliche Name. Eigentlich heißt dieses Monument „Cloud Gate". Bei den Besuchern wie auch bei uns ist es vor allem wegen der verzerrten fotografischen Selbstporträts so beliebt. Die Kinder fotografierten die „Bean" aus unterschiedlichen Perspektiven und wir natürlich auch.

Ausgerechnet hier hatte unsere Jüngste mal eben einen ihrer Bockanfälle, da sie ihre am Tag zuvor in der Mall gekaufte Sonnenbrille vergessen hatte. Bei so etwas geht in diesem Alter ja gleich die ganze Welt unter. Das Problem konnten wir spontan mithilfe von Papas Sonnenbrille lösen. Die Tochter unserer Freundin musste dann auf die Toilette und außerdem hatten alle Kinder Hunger, denn das Frühstück lag mittlerweile schon länger zurück. Es gibt hier im Millenium Park noch eine große Wasserfläche, auf der Kids barfuß toben und sich abkühlen können. Deren Besuch, weil gleich um die Ecke, hätte sich jetzt zwar angeboten, wir entschieden aber, zunächst essen zu gehen und alles andere zu machen und uns das feuchte Vergnügen für den

Schluss aufzuheben. Das sollte sich noch als eine sehr kluge Entscheidung herausstellen.

Mir fiel sofort auf, dass nicht nur im Wohngebiet, in dem unsere Freunde wohnen, oder auf dem Weg in die Stadt alles entspannt zugeht, sondern auch hier in Downtown im Vergleich zu vielen anderen Großstädten. Der Verkehr war übersichtlich für die Verhältnisse und es gab auch keine Massenansammlungen von Leuten. Alles blieb völlig im Rahmen.

Für die Mittagspause tat es ein Snack. Solche Lokalitäten gab es hier jede Menge in unmittelbarer Nähe. Das erste Snack-Restaurant war allerdings voll, denn es war exakt Mittagszeit und auf diese Idee waren auch noch ein paar Leute mehr gekommen. Doch gleich im nächsten Restaurant gab es jede Menge Platz und leckere Sandwiches. Baci – Italian Food – ein italienisches Snack-Restaurant mit Sandwiches, Pizza, Nudeln und solchen Sachen. Und sehr lecker.

Die Kinder hatten in der Tat großen Hunger. Bis auf unsere Große vernichteten alle ihre Sandwiches restlos. Ausgerüstet mit dem Nachtisch für Erwachsene „To Go", einem Kaffee für Papa und einem Smoothie für mich, ging es dann die Michigan Avenue entlang in Richtung John Hancock Tower, weil wir unbedingt heute einen Wolkenkratzer erobern wollten und dieser sollte es sein. Wir haben uns gegen den Sears Tower entschieden, der heute nach dem Namenskauf eines englischen Versicherers zwar Willis Tower heißt, von jedem aber doch noch Sears Tower genannt wird, weil dieser im Finanzdistrikt und am Rande von Downtown liegt. Unser Tower war genau auf dem Weg und hatte nur etwa zehn Stockwerke weniger, genau genommen 94, und das reichte uns vollkommen. Doch dazu später mehr.

Zunächst gingen wir die besagte Michigan Avenue, die auch Magnificent Line genannt wird, entlang. Das ist DIE Straße in Chicago mit Geschäften, jede Menge – doch wie erwähnt übersichtlichem – Verkehr, pulsierendem Stadtleben und einem gewissen magischen Flair, wodurch sich auch der Begriff „Magnificent" erklärt. Wir liefen die 1,9 Kilometer bis zum Tower, am Apple Store vorbei und über die Chicago River Bridge. Der Water Tower, das wohl älteste Gebäude und Wahrzeichen der Stadt, lag ebenfalls auf dem Weg. Das alles war zwar für uns Erwachsene interessant, die Kids interessierten sich eher für andere Dinge.

Die waren beispielsweise begeistert von einem vollkommen in weiß gekleideten jungen Mann, der auf einer Kiste auf dem Gehweg stand. Sein Gesicht war ebenfalls weiß geschminkt wie bei einem Pantomimen und auf einem Zettel, der an der Kiste angebracht war, stand, dass er tanzt, wenn man „Geld einwirft". Und wir wollten ihn tanzen sehen. Als einziger von unseren insgesamt fünf Kindern traute sich tatsächlich der Sohnemann unserer Freundin, Max, und gab ihm einen Dollar. Er begann gleich darauf, sich entsprechend zum Hip-Hop-Beat zu bewegen. Danach wurde Max von ihm pantomimisch aufgefordert, für ein Foto zu ihm zu kommen.

Als nächstes zog ein Geschäft das Interesse der Mädchen auf sich. Ein Geschäft nur für Girls, American Girls, mit Puppen. Wir konnten die Mädchen noch überreden, dass wir vielleicht auf dem Rückweg reinschauen. Denn unser Ziel, der Hancock Tower, war ja schon in Greifweite, nämlich nur noch eine Straßenüberquerung entfernt.

Auch hier war überhaupt nicht viel los. Eine Minischlange an der Kasse und das war es. Ich suchte schon überall den Security-Durchgang und die Sicherheitskontrolle. So hatte ich das ja noch von jeder einzelnen Sehenswürdigkeit in New York im Kopf. Und ein 355-Meter-Wolkenkratzer ist doch eine Sehenswürdigkeit, bei der eine Sicherheitskontrolle nicht ungewöhnlich wäre. Doch weit gefehlt, kontrolliert wurde nur unsere Tasche, das war es. Unserem Sohn, der ein wenig Höhenangst hat, klopfte ganz schön das Herz. Doch wir hatten vor Kurzem in Paris mit dem Tour Montparnasse geübt und dort hatte er eine sehr schöne Erfahrung gemacht.

Im Aufzug ging es rasant die 94 Stockwerke hoch. Wir hatten gerade noch Zeit, den Kindern zu erklären, dass man die Ohren, die zuploppen, am besten durch Schlucken oder Gähnen wieder aufbekommt. Und schon waren wir oben. In einem Raum mit Glasscheiben vom Boden bis zur Decke, einem fantastischen 360 Grad-Rundumblick auf Chicago und schon war die Aufregung unseres Sohnes verflogen. Auch hier fiel auf: absolut keine Menschenansammlungen. Die Kinder waren am meisten vom Blick auf die Wolkenkratzer, die nicht so hoch wie der John Hancock Tower waren, fasziniert, auf deren Dächern Swimming Pools waren. In einem schwammen sogar ein paar Leute, was sie ganz lustig fanden. Man konnte den Strand und das Vergnügungspier sehen. Wir stellten somit aus der Höhe fest, dass der Sears Tower wirklich am Ende und am Rand der Skyline und nicht mitten drin liegt. Die 94 Stockwerke unseres Towers reichten für die grandiose Sicht vollkommen aus.

Das Wetter machte ebenfalls mit und die Aussicht war atemberaubend. Von unten hatte man gar nicht den Eindruck, dass das Gebäude so hoch ist. Aber beim Blick von oben nach unten merkte man das sehr wohl, weil ja alle anderen Wolkenkratzer niedriger sind.

Nach dem Sears Tower ist der John Hancock Tower das zweithöchste Gebäude in Chicago. Die Attraktion ist hier das „Tilt". Das sind acht Einzelplätze, die sich aus dem Gebäude heraus nach vorne neigen und man „schwebt" dann sozusagen in einem Glaskasten über Chicago.

Das ist ab einer Größe von etwa 1,03 Metern erlaubt und absolut ungefährlich. Man muss nur schwindelfrei sein. Wir hätten das auch gemacht und sogar Nicolas mit seiner Höhenangst, doch uns war schlichtweg der Preis zu hoch. Den vielen Menschen, die sich furchtlos mit „Tilt" gen Erde neigten, war das anscheinend egal.

Nach der Umrundung ging es dann wieder auf Erdgeschosshöhe zurück und durch den obligatorischen Souvenir-Shop durch. Hier muss man unsere Kinder grundsätzlich irgendwie durchschleusen, denn sie finden eigentlich immer etwas, dass wir doch unbedingt kaufen sollen. Wollten wir aber definitiv nicht und wir entschieden, die Michigan Avenue zurück nun doch zu Fuß zu gehen, anstatt mit dem Bus zu fahren. Vor dem John Hancock Tower hatten wir zunächst noch gedacht, die Strecke mit dem Bus zurückzulegen. Aber es waren ja nur 1,9 Kilometer und so konnten wir auch noch mal in den American Girl Store mit den vielen Puppen reinschauen oder dem Apple Store einen Kurzbesuch abstatten.

Vor der Enterung des Puppen-Ladens wurden die Mädchen mit der Ankündigung instruiert, dass wir nur zum Schauen und NICHT zum Kaufen reingehen und das wurde akzeptiert. Der Preis für die Puppen ist gesalzen, bei etwa 150 Dollar geht es los. Hier bekommt man aber auch den Partnerlook zur Puppe, einen Puppen-Zwilling, Zubehör und alles, was ein richtiges Puppenmutter-Herz begehrt. So richtige Puppenmutterherzen schlagen jedoch nicht in den Brüsten unserer beiden Töchter. Wenn überhaupt so sind sie Barbiepuppen-Mütter. Zum Glück, denn das hier ist doch alles eher der für uns Europäer typische amerikanische Kitsch.

Uns fielen zwei Mütter auf, die mit ihren echten Püppies – also ihren Töchtern – mit Schleifchen im Haar und glänzenden Augen durch den Shop flanierten. Die Mädchen sahen da schon wirklich aus wie zwei Puppen. Unsere Jungs begannen spätestens jetzt, lautstark zu protestieren: „Wir wollen raus! Wir wollen raus!" Das ist vollkommen verständlich als Junge, finde ich und ich dachte das eigentlich auch selbst, ohne ein Junge zu sein.

Der Papa und ich gingen für einen kurzen Abstecher in den Apple Store und die Kinder schauten sich noch einmal den Pantomimen mit dem Hip-Hop-Tanz auf „Münzeinwurf" an. Wir wechselten die Straßenseite und sahen nun die Chicago River Bridge von der anderen Seite aus einem anderen Blickwinkel. Dort stand ein Magier auf der magischen Magnificent Line und wieder war es der Sohn unserer Freundin, der auf sein Winken hin zu ihm ging.

Gut, unsere Kinder haben natürlich auch ein Verständigungsproblem, aber so mutig, dass sie einfach zu einem wildfremden Mann, der sie zu sich winkt, gehen, sind sie dann auch nicht. Der Magier war klasse. Er involvierte unsere beiden Jungs und zauberte Schaumstoffhasen aus Max' rechter Hand. Unser Sohn sollte auf eine Karte seinen Namen schreiben. Der Magier mischte die Karten und die Mädels zogen alle nacheinander eine und es war immer die, auf die er seinen Namen geschrieben hatte. Und zum Schluss schloss er ein Kästchen auf und darin befand sich zusammengelegt ebenfalls genau diese Karte.

Das mit den Hasen konnten wir uns noch einigermaßen erklären, aber bei der Karte stiegen wir allesamt völlig aus. Ich wunderte mich nur, denn ursprünglich war die Rückseite der Karte rot und die Karte im Kästchen hatte eine blaue Rückseite... Doch schlau wurde ich auch daraus nicht. Man muss ja nicht bei allem wissen, warum, weshalb und wieso etwas ist, wie es ist.

Mit all diesen Eindrücken gingen wir weiter zurück die Michigan Avenue entlang zum Millenium Park, denn dort stand ja noch das Wasserfußbad für die Kinder auf dem Programm, das wir eingangs auf später verschoben hatten.

Das muss man sich vorstellen wie ein Fußballfeld mit zwei Säulen dort, wo die Tore auf einem Fußballfeld stehen. Diese Säulen sind Fontänen, aus denen Wasser kommt. Außerdem befinden sich hier LED und es erscheinen Gesichter auf den Säulen, die sich bewegen. Manchmal öffnet sich der Mund und es kommt eine Wasserfontäne raus, worunter sich dann jede Menge Kinder eine Dusche abholen.

Auf diesem Feld war das Wasser etwa knöcheltief und unzählige Kinder sprangen darin herum. Die

Erwachsenen saßen außen herum und beobachteten das Treiben. Es roch nach Chlor wie eigentlich das ganze Wasser, das in Chicago aus der Leitung kommt. Schon beim Mittagessen war die Pepsi aus dem Automat auch mit Chlorgeschmack versehen und somit war das die letzte Pepsi, die wir hier aus dem Automaten geordert haben. Wir hatten nämlich festgestellt, dass uns Pepsi mit Chlorbeigabe nicht besonders schmeckt.

Es dauerte nicht lange und die Kinder waren, wie alle anderen auch, nass bis auf die Haut. Deshalb war es wirklich klug, diesen Programmpunkt ans Ende des Downtown-Besuches zu legen! Die Temperaturen waren sommerlich und o.k., sodass das alles schließlich kein Problem war. Hauptsache, sie hatten Spaß.

Mit dem Angebot eines Eises lotsten wir sie vom Platz. Das einzige Eis, das es dann zwischen dem Platz und dem Parkhaus gab, kostete sieben Dollar das Stück. Das war ein zu horrender Preis und wir vertrösteten die Kinder auf ein Eis zu Hause und organisierten hierzu auf dem Rückweg noch entsprechend Nachschub, damit die Kinder ihr Eis auch wirklich bekamen. Das war deutlich günstiger und genauso lecker.

Zuvor folgten wir aber dem Wunsch von Papa, der auf dem Rückweg unbedingt mit dem Auto über die Magnificent Line fahren wollte. Das war nämlich schon immer ein Traum von ihm: Einmal in einer typischen US-amerikanischen Großstadt auf einer so breiten Straße selbst mit dem Auto darüber fahren. Gesagt getan, und so fuhren wir nun die 1,9 Kilometer, die wir zuvor hin- und zurückgelaufen waren mit dem Auto ab. Das war absolut machbar und kein Problem, denn verkehrstechnisch ging es eigentlich übersichtlich zu. Genügend Zeit hatten wir ja auch und der Papa lebte seinen Traum.

Anders als am Vortag, als die Kinder im Auto auf der Rückfahrt still und wohl eher müde waren, waren sie nun nach dem vielen Laufen und den Erlebnissen vollkommen aufgedreht und entsprechend laut auf ihren Rücksitzen. Zu Hause angekommen, wurden deshalb die Gemüter zunächst mit Eis und dann mit einer Portion TV abgekühlt und beruhigt.

Zum Abendessen gab es Spaghetti mit Tomatensoße und Fleischbällchen. Die Kinder aßen hierzu am Esstisch, der kurzerhand zum Kindertisch umfunktioniert wurde, und wir drei Erwachsenen speisten in der Küche. Um neun Uhr war Zapfenstreich für die Kids. Nachdem die Kinder im Bett waren, machten wir Erwachsenen uns einen gemütlichen Abend zu dritt, denn Jose war ja immer noch in der Arbeit und kam erst nach zehn Uhr nach Hause. Aber es dauerte nicht mehr lange, denn die Müdigkeit und der restliche Jetlag schlugen erneut voll zu.

Interessant ist, dass ich an diesem zweiten Tag die ganze Zeit über gar nicht das Gefühl hatte, gerade erst angekommen zu sein. Immerhin waren wir ja nur zwei Tage zuvor gelandet. Ich fühle mich, als wäre ich schon viel länger hier. Wir sind vollkommen angekommen, auch in der Zeit. Immer noch ist alles richtig tiefenentspannt, ein Gefühl, das ich so schon lange nicht mehr hatte. Der Tagesablauf wurde vom Körper adaptiert und auch die Kinder fühlen sich einfach nur wohl. Für sie ist das hier alles Spaß – Fun – zusammen mit ihren Freunden. Ich vermute mal schwer, dass das am Donnerstag Tränen geben wird, wenn wir uns auf die Weiterreise begeben. Doch noch sind wir in Chicago und da steht am nächsten Tag ein Geburtstag an. Habe ich irgendwo gehört...

Aus Sophies Tagebuch...

Am dritten Tag haben wir einen Ausflug in die Innenstadt gemacht. Wir sind in einem großen Park gegangen und danach auf einen Turm mit 94 Stockwerken. An-

schließend sind wir wieder in den Park und sind zu so zwei Wassertürmen gelaufen. Wir sind durch das Wasser getobt und dabei haben uns andere Kinder nass gespritzt.

Dann sind wir nach Hause gefahren. Mama und Papa haben Eis besorgt und das haben wir noch vor dem Abendessen gegessen. Am Abend sind wir ins Bett und sehr schnell eingeschlafen, denn der Tag war anstrengend.

Tag 4: Happy Birthday, Papa!

Was für ein Tag! Papas Geburtstag in Chicago wurde mit einer wahnsinnigen Party gefeiert! Doch fangen wir am besten mit dem Morgen an: Seine Geschenke bekam er gleich nach dem Aufstehen noch im Bett. Das eine zog er sofort an und sollte es den ganzen Tag auch anbehalten. Das war nämlich das Weltmeister-Trikot, denn die WM hatten wir ja gerade vor Kurzem erst gewonnen. Alle gratulierten ihm sehr herzlich und überschwänglich.

Nach dem Frühstück mussten Anni und Jose leider zu einem traurigen Besuch in ein Krankenhaus. Dort lag ein Freund der Familie im Sterben. In den USA ist es üblich, dass alle engeren Freunde und Verwandten in einem solchen Fall in das Krankenhaus oder zu der Person nach Hause gehen, um den Angehörigen ihr Mitgefühl auszudrücken. Dabei besucht man eigentlich nicht die im Sterben liegende Person, sondern man steht den Angehörigen in ihrer Trauersituation bei. Ein Abschiednehmen, wenn es dazu kommt, wird hier eher im Kreis vieler verarbeitet, man ist mit seinem Schmerz nicht allein.

So verbrachte meine Familie einen ruhigen Vormittag im Haus unserer Freunde mit allen Kindern. Ich hatte nämlich angeboten, auch auf Max und Leia aufzupassen, damit sie nicht mit ins Krankenhaus müssen. Etwas später ging ich mit den Kindern raus an die Luft. Zwei Häuser weiter befindet sich ein wunderschöner, sehr sauberer Spielplatz.

Dorthin begleitete ich die Kids, denn alleine gehen, wie es unsere drei zu Hause schon seit geraumer Zeit tun, geht hier gar nicht. Selbst in einem sehr ruhigen Wohngebiet haben die Eltern Angst und lassen ihre Kinder nicht aus den Augen. Zunächst dachten wir, dass dies mit dem Beruf von Jose begründet werden kann, der ja als Polizist sehr grausame Dinge tagtäglich zu Gesicht bekommt. Später am Abend bekamen wir diese Übervorsicht aber auch in Gesprächen mit anderen Eltern mit.

Das ist für uns, die wir unsere Kinder partout nicht in Watte packen und zur Selbstständigkeit erziehen, eine völlig neue Erfahrung. Eine so neue Erfahrung, dass Sophie mich sogar fragte: „Mama, warum kommst du jetzt eigentlich mit uns mit?"

Gegen Mittag kamen die beiden dann wieder zurück und Anni bereitete das Mittagessen vor. Sie sprachen beide nicht viel über den Besuch im Krankenhaus. Anni hatte nicht eine so enge Verbindung zu diesem Bekannten und tat dies eher für ihren Mann. Es war ein Freund seiner Familie und Jose hatte schon zu kämpfen. Doch natürlich wollten sie auch den Geburtstag genießen.

So stürzten wir uns in die Vorbereitungen. Wir zwei Frauen, Anni und ich, fuhren in einen Supermarkt, um für die Geburtstagsparty am Abend einzukaufen. Die Männer blieben zu Hause mit den Kindern und kümmerten sich in der Zwischenzeit um das Herrichten des Gartens für das Partygeschehen am Abend. Unsere Freunde hatten nämlich zu Papas Ehren jede Menge ihrer eigenen Freunde und Familie eingeladen.

Auch der Besuch des Supermarktes war eine wahnsinnig interessante Erfahrung. Kurz gesagt: Uns Deutschen, die wir ja diesbezüglich sehr verwöhnt sind und in einem gut sortierten Supermarkt alles bekommen, fehlt es hier in den USA wirklich an nichts! Selbst das, was ich im Ausland meist vermisse, nämlich ein gutes Brot – und kein Weißbrot – gab es hier in einer Auswahl, die ich in diesem Maße nicht mit den USA in Verbindung gebracht hätte.

Schon im Eingangsbereich fiel mir die riesengroße Obst- und Gemüseabteilung auf, aus der mir die Vitamine gerade so entgegen sprangen. Da war nichts, was es nicht gab und noch viel mehr. Zum Beispiel entdeckte ich Maiskolben, die noch in die

Blätter eingepackt waren und aussahen, als ob sie frisch vom Maisfeld kommen. Das nächste Highlight war die Fleischtheke. Steaks, Burger und Bratwürste in allen nur erdenklichen Formen und Varianten. Fleischfüllungen, um Burger selbst zu formen, eingelegtes Fleisch, vorwiegend Rind und Hühnchen, so weit das Auge reichte. Nun sind die Fleischtheken, die wir von zu Hause in den großen Supermärkten gewohnt sind, ja auch schon riesig. Das hier war aber das amerikanische XXL-Format.

Beim Wein schaute ich einmal, was es denn so aus der Heimat gibt und ich fand einen ganz kleinen Bereich mit Weinen aus Deutschland. Das waren eher Genossenschaftsweine von einem Importeur aus dem Mosel-Gebiet. Im Vergleich zum gesamten Weinangebot fiel die deutsche Vertretung insgesamt eher mickrig aus. Aber schließlich bin ich jetzt ja auch nicht im Ausland, um mich mit deutschen Produkten einzudecken. Die habe ich das ganze Jahr. Ich hatte nur mal aus Interesse geschaut und war über die geringe Menge doch etwas verwundert, weil es alle anderen Dinge letztendlich im Überfluss gab. Wir kauften schließlich sowieso kalifornischen Wein.

Die restlichen Bestandteile für die Party waren schnell zusammengesucht und wir gönnten uns nach dem Bezahlen erst einmal ein Eis und einen Kaffee. Schließlich war ja Urlaub. Im Übrigen habe ich noch nie so stressfrei bezahlt wie hier. Lange Schlangen an den – sehr vielen – Kassen waren Fehlanzeige. Und, was am besten ist, man packt hier seine Sachen nicht selbst ein, die werden von den Angestellten verpackt. Um Müll zu sparen, hatten wir unsere eigenen Taschen dabei und die lud eine Angestellte dann mit den bezahlten Sachen voll. Hat man selbst nichts dabei, gibt es natürlich Tüten. Völlig entspannt und sehr angenehm.

Auch hier hatte ich wieder das für Amerika so gar nicht in unseren Köpfen verankerte Gefühl: America goes öko! Wir waren nämlich nicht die einzigen, die selbst die Taschen mitgebracht hatten...

Schließlich ging es wieder nach Hause und wir trafen die letzten Vorbereitungen für die Party. Ich bereitete einen deutschen Gurkensalat zu, dessen nun nicht wirklich kompliziertes Rezept ich im Laufe des kommenden Abends unzählige Male weitergeben musste, weil er hervorragend bei den Gästen angekommen ist.

Zu Hause waren schon der Cousin und die Cousine von Max und Leia da und die nun insgesamt sieben Kinder spielten alle miteinander. Ab sechs Uhr kamen dann so langsam die Gäste: die Freunde und Familie unserer Gastgeber. Gegrillt hat nicht der Herr, sondern die Dame des Hauses, und insgesamt zählte ich 14 Kinder und 14 Erwachsene. Eine richtig große Party war das im Garten unserer Freunde. Das Wetter spielte ebenfalls mit, es war ein wunderschöner lauer Sommerabend mitten in Chicago.

Und das Geburtstagskind war begeistert. Er war so über die Gastfreundschaft und das Willkommen sein unter all den US-Amerikanern begeistert. Das war ein ganz besonderer Geburtstag. Insbesondere freute er sich, aber auch ich mich, über das Wiedersehen mit Joses Mutter und seiner Schwester. Fast acht Jahre waren in der Zwischenzeit vergangen, seit wir uns das letzte Mal gesehen hatten...

Am meisten hat mich über den ganzen Abend hinweg die Kommunikation unter den Kindern fasziniert. Unsere drei sprechen ja kein Englisch und die anderen Kinder außer Max und Leia kein Deutsch. Und doch waren die drei vollkommen integriert und mitten in der ganzen Meute vorzufinden. Ich beobachtete einmal Nicolas, wie er mit Händen und Füßen mit einem anderen Jungen in seinem Alter diskutierte. Sie einigten sich, klatschten sich ab und spielten zufrieden weiter mit einem großen Lächeln im Gesicht. Das fiel mir sowieso auf: Die Kinder sahen einfach glücklich aus und hatten wirklich Spaß.

Der Abend verlief einfach prächtig. Der Papa stand meist bei den Männern und unterhielt sich mit allen prima. Er hatte sichtlich einen riesen Spaß! Als es dunkel war, durfte Sophie den Kuchen für ihren Papa präparieren, der dann mit vier brennenden Kerzen – für die doppelte vier – nach draußen getragen wurde. Das Geburtstagsständchen wurde in englischer, deutscher und schließlich auch spanischer Sprache vorgetragen und der Kuchen verteilt. Zunächst wollten natürlich alle Kinder ein Stück davon abhaben, doch für das Geburtstagskind blieb dann schließlich auch noch eines übrig.

Zu späterer Stunde sind die meisten Kinder bis auf ein paar hartgesottene Fußballspieler dann rein und haben sich mit einem Film im Fernsehen oder einem iPod beschäftigt. Sophie kam irgendwann später von selbst an und fragte, ob sie ins Bett dürfe. Natürlich! Auch Katharina gab kurz darauf auf und somit war nur noch ein Kind von unseren drei wach. Und wir natürlich.

Ein toller, lauer Sommerabend mitten in Chicago mit all den Gästen näherte sich dann aber doch auch für uns irgendwann dem Ende, weil die meisten mit ihren Kindern irgendwann gehen oder am nächsten Tag wieder zur Arbeit mussten. Und auch wir waren einfach müde. Kurz nach Nicolas bin ich ins Bett und auch das Geburtstagskind des nächsten Tages, unser Gastgeber Jose, hielt nicht bis Mitternacht durch.

Ein Tag mit einer wunderschönen, amerikanischen Party ging zu Ende. Amerikanisch auffällig war hier die Umgangsweise miteinander und untereinander. Möglicherweise ist alles ein wenig oberflächlicher, doch alle sind einfach nur herzlich und liebenswert. Von den Kindern bis zu den Erwachsenen, jeder unterhält sich mit jedem. Man fühlt sich schlichtweg wohl in der Gesellschaft und integriert. Das trifft auch auf die Kinder zu, und dass trotz der sprachlichen Unterschiede.

Und so dauerte dieser einmalige Tag mit Musik im Garten von Michael Jackson und Shakira bis spät in die Nacht und endete erst kurz vor Mitternacht. Doch am nächsten Tag war ja schon wieder ein Geburtstag dran.

Aus Sophies Tagebuch...

Am vierten Tag hatte mein Papa Geburtstag und wir hatten nichts vor. Also haben wir Fernsehen geguckt und ich habe erfahren, dass am Abend viele Kinder kommen. Am Abend hatten wir ein Zelt aufgestellt, das war dann unsere Schule. Unser Haus war das Zimmer von Max und das Zimmer von Leia. Wir spielten mit den anderen Schule. Dabei haben wir immer Deutsch und Englisch gesprochen. Leia hat gesagt, dass die anderen ja auf Deutsch nachsprechen müssen und dann haben die anderen Leia und mir nachgesprochen. Das war unser Deutsch- und Englischunterricht. Abends ist es sehr spät geworden.

Tag 5: Und noch ein Geburtstag

Man muss ja bekanntlich die Feste feiern, wie sie fallen, und einen Tag nach unserem Papa war nun Jose mit seinem Geburtstag dran. Nach dem sehr langen und ausgiebigen Abend zuvor schliefen aber alle zunächst einmal etwas länger. Als wir aufstanden, hatte die liebe Anni den Frühstückstisch bereits gedeckt. Wir warteten draußen auf das heutige Geburtstagskind, das noch nicht gewaschen und angezogen war, und sangen ihm unser Geburtstagsständchen „Heute kann es regnen,...", als er sich dann zu uns gesellte. Natürlich auf Deutsch, eine englische Version kennen wir nicht. Er hat es zwar nicht verstanden, aber sich dennoch sehr gefreut.

Mein Mann überreichte ihm unser Geschenk, das aufgrund der Umstände größentechnisch klein, dafür aber für ihn „maßgeschneidert" war. Es handelte sich um ein original Schweizer Taschenmesser mit allem möglichen Schnickschnack, das er gerade jetzt nach der Pensionierung als Soldat bestimmt gut gebrauchen konnte. Von seiner Familie wurde er ebenfalls reich und umfassend beschenkt. Die Kinder machen es dabei hier übrigens genauso wie wir es auch zu Hause zu tun pflegen. Sie basteln dem Papa etwas, das sie ihm dann am Geburtstag überreichen.

Da ja das Geburtstagskind vom Vortag eine Rundfahrt mit einem viermastigen Segelboot auf dem Lake Michigan geschenkt bekommen hatte, die wir nun an Geburtstag Nummer zwei machen wollten, mussten wir uns beim Frühstück ein wenig beeilen, denn wir wollten eigentlich gleich die erste Fahrt um 10:30 Uhr erwischen. Gemeinsam fuhren wir los zum Navy Pier.

Dort kamen wir um 10:15 Uhr an, doch das Schiff war leider schon voll. Deshalb mussten wir auf die nächste Fahrt, die zwei Stunden später war, warten. Wir vertrieben uns die Zeit am Pier: Hier gibt es mehrere kleine Attraktionen wie ein Karussell, ein Kettenkarussell und ein Riesenrad. Die Kinder durften einmal mit ferngesteuerten Wasserbooten und mit dem Karussell fahren und dann schlenderten wir dort noch ein wenig durch die Mall.

Alles hier war recht teuer und die Kinder waren heute nach dem langen Abend am Tag zuvor noch völlig von der Rolle. Sie waren müde und entsprechend gelaunt, sodass das Schlendern dann doch ein wenig anstrengend war. Sie erblickten wirklich überall etwas, das wir unbedingt kaufen sollten, aber nicht wollten. Ein wenig konnten die Gemüter mit einem Eis und Popcorn mit Karamellgeschmack beruhigt werden. Endlich fuhr unser Segelschiff ein und wir stellten uns zum Entern in die Reihe.

Diesmal kamen wir an Bord und ich muss sagen, für uns Erwachsene war es ein sehr entspannter, wunderschöner Segeltörn auf dem Lake Michigan. Max und Leia beteiligten sich am Hissen der Segel, doch unsere Kinder konnten nicht mitmachen, da sie ja nicht die Sprache und somit auch nicht die Anweisungen verstanden. Sie waren aber, denke ich, auch nicht besonders in Stimmung, denn die Müdigkeit schlug voll zu. Fehlte nur noch, dass ihnen die Augen zufielen...

Das Wetter war herrlich, die Sonne strahlte vom blauen Himmel, doch gleichzeitig wehte ein laues Lüftchen draußen auf dem See. Einer von der Besatzung war als Pirat verkleidet und neben dem Einbeziehen der Kinder beim Hissen der Segel erzählte er ihnen auch Piratengeschichten und beschäftigte somit die Kids ein wenig. Unsere machten aber nicht mit wegen der Sprache, sie waren auch einfach zu müde.

75 Minuten später legten wir wieder am Pier an und fuhren nach Hause. Den ursprünglich geplanten Strandbesuch strichen wir kurzerhand aus dem Programm, denn am Abend sollte es mit Joses ge-

samter Familie in das für solche Feierlichkeiten ausgewählte Restaurant gehen. Und rein zeitlich aber auch stimmungstechnisch hätten wir das einfach nicht mehr hinbekommen. Wir würden jetzt über eine Woche sowieso am Meer und am Wasser sein, somit sollte das kein Problem darstellen. Ich konnte meine Wäsche waschen, bevor ich unsere Siebensachen für den morgigen Weiterflug packte, und das Ausruhen tat uns allen gut.

Um halb sieben ging es dann los in das italienische und auch mexikanische Familien- und Stammrestaurant, in dem die Familie, die ja ursprünglich aus Mexiko stammt, immer die Geburtstage feiert. Hier soll es laut den Gastgebern die beste amerikanische Pan-Pizza geben, die man sich vorstellen kann. Wegen der Pizza zählt es zu den italienischen Restaurants. Doch eine Pan-Pizza ist anders als italienische Pizza. Der Teig ist viel dicker und der Belag ein anderer. Am besten kann man sie mit der Pizza vergleichen, die es in Deutschland im Pizza Hut gibt. Obwohl das hier definitiv mexikanische Restaurantbetreiber waren...

Nun lernten wir auch Joses Vater einmal kennen. Ansonsten waren alle Verwandten vom Vortag wieder da. Jose bekam von ihnen auch seine Geschenke, von welchen unsere jüngste Tochter die bunten Helium-Luftballons am interessantesten fand. Hierfür gibt es wohl extra einen Laden mit Partyartikeln, in dem man sich passende Motive aussucht und den jeweiligen Ballon dann mit Helium aufblasen lässt. Wir mussten versprechen, in Kalifornien nach genau einem solchen Laden Ausschau zu halten, denn ansonsten hätte Katharina den einen Luftballon mit lauter Pferdchen darauf am liebsten für sich behalten.

Die Kinder saßen alle an einem extra Kindertisch, so wie wir es bei ähnlichen Events auch handhaben. Mit unseren Kindern zusammen waren es heute insgesamt sieben, die beiden von Joses Bruder waren auch wieder da. Dann gab es für uns eine Premiere. Das Ordering, die Bestellung also, funktionierte nämlich im Modus „ein Pott für alle": Die Erwachsenen bekamen große Bierpötte und ein Glas dazu, bei den Kindern war es natürlich kein Bier, sondern ein riesiger Krug gefüllt mit Cola. Und da der Kindertisch separat war und unsere Kinder weder Mary Lu, die fast erwachsene Tochter von Joses Schwester, noch ihren Freund verstanden, schenkten sie unseren Dreien eben Cola ein. Die protestierten nicht und nutzten die Gelegenheit der Cola-Premiere. Sie leben immer noch, das sei nur am Rande erwähnt. Eine so besondere Reise bedingt auch solche Ausnahmen. Auch ich habe irgendwann einmal meine erste Cola getrunken. Solange das eine Ausnahme bleibt, und das wird es, ist alles bestens.

Da ich kein Bier trinke, hatte ich mir kalifornischen Rotwein bestellt. Dann kam der Höhepunkt des Abends für die Kinder. Da sich das Restaurant im Polizeibezirk unseres Freundes befindet und zwei seiner Kollegen hier zuständig sind und gerade unterwegs waren, kamen, extra für die Kinder vom Geburtstagskind bestellt, zwei waschechte und originalverpackte US-Polizisten zum Anfassen vorbei.

Sie führten die Kinder nach draußen, wo ihr Polizeiauto stand. Alle durften sich mal reinsetzen, vorne und hinten und besonders hinten fand Nicolas es sehr interessant, da hier ja die bösen Jungs transportiert werden. Der hintere Autobereich, die Rücksitzbank und der Kofferraum sind vom Fahrerbereich durch ein Gitter abgetrennt. Fotos wurden geschossen und wir Erwachsenen unterhielten uns ein wenig mit den beiden sehr sympathischen Polizisten.

Einer von den beiden wurde in Stuttgart geboren und hat somit ebenfalls eine Verbindung zu Deutschland, wie schon einige Amerikaner zuvor, die wir während unseres Aufenthalts hier in Chicago kennengelernt haben.

Beide waren komplett ausgestattet. Im Gespräch erwähnten sie, dass die Ausrüstung mit Pistole, Schlagstock, Taschenlampe, Teaser und vielem mehr etwa elf Kilogramm wiegt. Ich fragte sie dann, ob es wirklich im echten Leben so ist wie im Film und jemand, der angehalten wird, weil er zu schnell fährt, sich dann wirklich an das Auto stellen oder die Hände auf das Lenkrad legen muss. „Wir sind nämlich leidenschaftliche „24"-Fans." Wer die Serie „24" und Jack Bauer kennt, weiß, was ich meine. Daraufhin lachten beide, da sie ebenfalls die Serie kennen, die in den USA wahrscheinlich noch beliebter ist als in Deutschland. Aber das entspricht schon der Realität.

Anschließend durften sich auch Freiwillige unter den Kindern mit erhobenen Händen und gespreizten Beinen an das Auto stellen. Nico war natürlich dabei und wurde auf einem Foto verewigt. Schließlich verabschiedeten sich die beiden Polizisten wieder und fuhren mit angeschalteter Sirene los. Was für ein Erlebnis für die Kinder! Sie und insbesondere Nicolas, der ja von der deutschen Polizei so begeistert ist, strahlten um die Wette.

An dieser Stelle kann ich auch noch auf die kulturellen Unterschiede in Bezug auf die Rolle der Polizei eingehen, da ich mich diesbezüglich auch ausführlich mit Jose unterhalten hatte. In Deutschland gelten die Staatsdiener als Freund und Helfer des Menschen. In dieser Rolle dürfen sie sich ja aber nicht einfach so zur Wehr setzen und fungieren mehr oder weniger als Schutzschild. Setzen sie sich einmal zur Wehr, dann ist gleich die Hölle los. Eine in Amerika unvorstellbare Situation, denn hier ist ein Polizist mit seinem elf Kilogramm schweren Überlebensset ausgestattet, das Dinge enthält, von denen der ein oder andere Freund und Helfer in Deutschland in der ein oder anderen haarigen und brenzligen Situation noch nicht einmal zu träumen wagt. Der Teaser ist bei uns verboten, in den USA jagen die Jungs entsprechenden Personen damit 15000 Volt durch den Körper und machen den Gegner damit schlicht und ergreifend völlig wehrlos.

Und ein Gegner ist in den USA bereits jemand, der zu schnell oder unter Alkoholeinfluss Auto fährt, der eine Bank überfällt oder jemand anderen bedroht. Unterschiede werden im Umgang mit der gerade aus unterschiedlichen Gründen ins Visier der Polizei geratenen Person nicht gemacht. Jeder wird hart angegangen.

Die Polizei wird hier mit einem völlig anderen Gewalt- und Elendspotenzial konfrontiert. Der Schutz der Bürger ist wichtig, doch der Eigenschutz mindestens genauso. Ein normaler Streifenpolizist gerät in seinem Arbeitsalltag des Öfteren in eine Schlägerei, in der er sich dann mit dem Schlagstock verteidigen muss. Und er zieht auch schon mal die Waffe, kein Wunder, denn auf jeden erwachsenen US-Bürger kommen im Durchschnitt drei Schusswaffen. Da tut Verteidigung Not, denn der Gegner drückt oft auch gleich ab. Die Hemmschwelle ist einfach viel niedriger.

Ein Polizist gehört in den USA im Übrigen zu der Personengruppe, die wie Lehrer und Feuerwehrmänner aufgrund des erhöhten beruflichen Risikos und der ständigen Lebensgefahr, in der sie sich befinden, bereits mit 55 Jahren in Rente geht.

Wieder im Restaurant mussten alle Kids zunächst die Hände waschen, da sie ja im Auto auf der Rückbank gesessen hatten, wo auch in der Tat die schweren Jungs transportiert werden. Es ist hier einfach alles eine Spur mehr XXL als bei uns zu Hause und die Polizei hat gut zu tun. Nach dem Händewaschen war dann auch schon die Pizza da. Vor dem Besuch der Polizisten wurden als Vorspeise Mozzarella-Rolls und Chicken-Teile mit Dipp serviert und jetzt gab es drei verschiedene, große, typische American Pan-Pizza. Bier und Wasser wurden immer nachgefüllt. Nach dem Essen beschäftigten sich die Jungen mit dem Smartphone, das Joses Bruder mitgebracht hatte. Hier ist es nicht anders, kaum ist so ein Gerät da, zieht es die Kinder in seinen Bann. Aber interessanterweise waren es nur die Jungs in diesem Fall. Die Mädchen beschäftigten sich an einem separaten Tisch und kreierten Bilder auf Servietten oder bastelten etwas.

Joses Vater faltete mir aus einer Zweidollarnote einen Stiefel. Eine Zweidollarnote? Die gibt es doch gar nicht... Obwohl sein Sohn Polizist ist, hat sein Vater doch tatsächlich zu Hause eine Druckmaschine für Zweidollarnoten und produziert damit unter den Augen des Gesetzes wahrlich richtiges Falschgeld. Und daraus bastelt er jede Menge Origami-Stiefel als Souvenir für Freunde.

Der Stiefel sollte uns von jetzt an auf unserer Rundreise begleiten und ich habe mich sehr darüber gefreut, solch ein Souvenir mein eigen zu nennen. Wir unterhielten uns alle noch eine ganze Weile. Es war ja der letzte Abend in Chicago und Joses Familie sahen wir heute zum vorerst letzten Mal. Ich merkte allerdings deutlich, wie müde ich noch vom Vortag war. Anni ging es genauso. Um halb elf verabschiedeten wir uns endgültig von Joses Familie und versprachen ein baldiges Wiedersehen. Zumindest keine weiteren acht Jahre, die ja seit dem letzten Treffen vergangen waren.

Wir fuhren durch das nächtliche Chicago zurück zum Haus unserer Freunde. Die Kinder und ich gingen sofort ins Bett, allein die Männer blieben noch wach und unterhielten sich über Gott und die Welt. Wir sind Freunde, richtig gute Freunde und Freunde der Familie. Das ist in Amerika ein besonderer Status und im Grunde hatte er seine Polizeikollegen auch nur extra für uns, den Besuch aus Deutschland, eingeladen. Das hätte er wohl nicht für jeden getan…

Das Schöne ist, dass wir uns alle gut verstehen: die Männer, wir Frauen und die Kinder. Harmonische und ganz aufregende Tage gehen nun zu Ende. Eine Nacht noch und es geht weiter mit dem Urlaub und dem spannenden Teil – unsere Rundreise.

Aus Sophies Tagebuch…

Am fünften Tag hatte der Papa von Leia und Max Geburtstag. Am Morgen sind wir zu einem riesengroßen See gefahren, der so groß ist, dass man sein Ende nicht sieht. Auf dem See haben wir eine Segelbootsfahrt mit einem Piratenschiff gemacht.

Dann sind wir nach Hause gefahren und haben zu mittaggegessen. Danach haben wir Fernsehen geguckt und uns dabei ausgeruht, weil wir noch so müde vom Abend vorher waren. Am Abend waren wir in einem Restaurant und es waren Polizisten da. Ich bin sogar vorne im Polizeiauto gesessen.

Tag 6: Unsere Reise geht weiter

Der Tag unserer Abreise von unseren Freunden ist gekommen und unsere Aufwärmphase für den eigentlichen Urlaub, die Rundreise durch Kalifornien, geht heute zu Ende. Am Morgen stehen wir um halb acht auf und packen unsere Siebensachen zusammen. Ich helfe Anni noch und ziehe unsere fünf Betten ab. Jose hat zum Frühstück bei Dunkin Donuts extra frische Donuts und Bagels für uns besorgt. Die Kinder haben zwar schon ihre Standard-Kellogssachen gegessen, können aber bei den frischen, noch dampfenden Donuts, die einfach ganz anders schmecken, als die, die es bei uns zu Hause gibt, ebenfalls nicht widerstehen.

Um zehn ist Abfahrt. Leia und Max gehen heute wieder zu ihrem Ferienprogramm, Jose muss nachmittags wieder arbeiten. Ja, und wir laden nun unsere Koffer ins Auto und verabschieden uns von unseren Freunden. Wir trösten uns und die Kinder mit der Aussicht auf den ganz spannenden und aufregenden Teil unseres Urlaubs, aber der Abschied fällt uns trotzdem ein wenig schwer. Sophie meint: „Es ist so schade, ich wäre gerne länger geblieben." Wir haben schon mal über ein nächstes Treffen für die Zukunft nachgedacht, somit ist der Abschied nicht für die Ewigkeit. Der ganze Besuch war wunderschön, völlig entspannt und unkompliziert. Wir haben hier in Chicago als Freunde der Familie so viele schöne und interessante Dinge erlebt, die normale Touristen nicht erleben. Und das war natürlich auch für unsere Kinder eine tolle Erfahrung und ich bin froh, dass wir sie ihnen bieten konnten.

Nun geht es also weiter, von Chicago nach San Francisco. Nach der Verabschiedung und nachdem wir alle in die Autos gestiegen und losgefahren sind, fahren wir an den Flughafen und geben unser Auto ab. Für San Francisco haben wir ein neues gemietet. Eine völlig unkomplizierte Abgabe erwartet uns und der Busfahrer vom Shuttlebus, der uns zurück zum Terminal bringen soll, fragt mich sogar, ob er den Kindern etwas Süßes geben darf. Sie bekommen alle drei jeweils einen Lolli und sind sehr zufrieden. Am Terminal angekommen, checken wir unsere drei Koffer ein. Die Passkontrolle und der Security Check sind erneut gar kein Problem, obwohl wir hier an einem riesengroßen Flughafen und in den USA sind. Ich denke, das ist wahrscheinlich unter anderem unserem Status als Familie und den drei Kindern zu verdanken, denn als Familie wird man einfach anders behandelt. So müssen wir auch nicht durch den Ganzkörper-Scan, sondern lediglich durch die normale Sicherheitskontrolle durch. Und jetzt warten wir auf unseren Weiterflug. Jetzt geht der eigentliche Urlaub los. Wir alle sind schon so gespannt darauf, was uns noch fast zweieinhalb Wochen lang so alles erwarten wird. Let's fly to San Francisco in California!

Und da wären wir also im Flugzeug. Ich sitze im United-Flieger, da wir diesen Inlandsflug nicht über Lufthansa, sondern separat über United gebucht haben. Der Flug dauert nur vier Stunden, ein Kurztrip oder Katzensprung nach dem Flug in die USA. Heute ist die Sitzverteilung aufgrund des kleineren Flugzeugs etwas anders. Beim Hinflug saßen die beiden Großen zusammen und der Papa mit Katharina. Ich selbst hatte einen Platz in der Mitte am Gang auf Höhe der beiden Kinder. Das war ganz angenehm, aber über den langen Flug hinweg kam ich mir doch ein wenig allein vor. Dafür hatte ich meine Ruhe, denn die acht Stunden neben der Jüngsten waren nicht ganz so entspannt, wie Papa im Anschluss daran zu berichten hatte.

Diesmal sitze ich mit den Mädels in einer Dreierreihe, die Männer zu zweit gegenüber mit Fensterplatz. Die mittlere Sitzreihe fehlt. Wir haben ein Upgrade auf Economy Plus für 75 Dollar gemacht und der Platz ist wirklich ausreichend. Der Service ist allerdings ein riesengroßer Unterschied im negativen Sinne zur Lufthansa. Lediglich die Getränke sind umsonst, das Essen kostet etwas. Egal, genau deshalb haben wir ja eine Kleinigkeit in Chicago auf dem Flughafen gegessen und zumindest mein Hunger ist nach den genialen Bagels nicht allzu groß beziehungsweise nicht vorhanden. Die Kinder halten durch. Bis jetzt klappt alles gut mit meiner Sitznachbarin, unserer Jüngsten, ich kann mich noch nicht beschweren. Sie spielt vor sich hin und auch Sophie ist beschäftigt und schießt das eine oder andere Foto vom Wolkenhimmel über Amerika...

Wenn da nur nicht das Negativbeispiel mit Kindern hinter mir wäre. Eine alleine reisende (alleinerziehende?) Frau mit vier Kindern, die diese so gar nicht unter Kontrolle hat. Die ganze Zeit bekomme ich Tritte ins Kreuz und um das Fass vollzumachen, werden dann auch noch nackte Kinderfüße durch den Schlitz zwischen den Sitzlehnen gestreckt. Katharina war in der Zwischenzeit eingeschlafen und ich höre meine Musik sehr laut, denn das jüngste dieser vier Kinder plärrt in einer Tour. Das alles wäre ja gar nicht schlimm, es sind nun mal Kinder. Aber auch Kinder müssen sich in einem Flugzeug entsprechend benehmen und nicht herumtoben, als ob sie in einer Turnhalle wären. Die Mutter ist völlig überfordert beziehungsweise einfach tatenlos, denn sie unternimmt – nichts!

Ein gutes Beispiel dafür, wie man es also nicht machen sollte. Unsere Reiseprofis sind weder zu sehen noch zu hören, sie fallen überhaupt nicht auf. Sophie interessiert sich sogar für das Mosaikbild mit vielen kleinen verschieden geformten Feldern, das sich ihr unten auf der Erde bietet und findet dabei heraus, dass es in den USA sogar runde oder ovale Felder gibt. Ich beende das Schreiben, denn wir sind nun gleich in San Francisco.

Pünktlich um 15 Uhr Ortszeit landeten wir dann nach einem eigentlich sehr ruhigen Flug, wenn da nicht Familie Fürchterlich mit den vier Kindern hinter mir gesessen hätte. Die Landung in San Francisco ist aufgrund der Lage des Flughafens etwas ganz Besonderes. Man fliegt sozusagen direkt von der Bay auf die Landebahn. Katharina fragte beim Landeanflug ganz ängstlich: „Mama, landen wir jetzt im Wasser?" Dieses kam uns nämlich beunruhigend nah. Aber nein, wir landeten ganz sanft auf der Landebahn und dieses Mal mussten wir ja auch nicht stundenlang anstehen, da es ja ein Inlandsflug war und wir bereits in Chicago das Immigrationsprozedere hinter uns gebracht hatten.

Wir gingen also schnurstracks zur Gepäckausgabe und holten unsere drei Koffer ab. Dann ging es mit der Shuttlebahn, ähnlich der in Düsseldorf – nur auf Schienen und nicht schwebend – zur Autoabholung. Durch das Umgehen des Schalters konnten wir gleich zu den Autos und bekamen hier unmittelbar den Schlüssel für den Wagen mit der Nummer zwölf. Auch dieses Auto war eher ein mittleres Schiff. Kein GM wie in Chicago und auch nicht schwarz, sondern eine beigefarbener Chevrolet Tahoe. Nagelneu mit nur 2000 Meilen und einer Soundanlage mit Navigation, sodass wir all unsere Hilfsmittel für einen guten Sound eigentlich hätten zu Hause lassen können. Aber das war gut so, denn schließlich wollten wir die 2000 Meilen, die auf dem Tacho angezeigt wurden, noch um die eine oder andere Meile in den kommenden zwei Wochen erhöhen.

Dieses Gefährt sollte uns also durch Kalifornien begleiten und es war eine gute Wahl. Die Kinder hatten sehr viel Platz auf der Rückbank und auch wir saßen vorne sehr bequem. In Chicago hatte der Papa ja schon kräftig mit dem anderen SUV geübt und die Parkhäuser und Parkplätze sind in den USA viel größer als zu Hause, was wir dort ebenfalls schon feststellten, sodass wir dieses Auto nun voll und ganz genießen konnten. Wir gaben bei der Abholung anderen Deutschen Hilfestellung, die wohl ihren ersten SUV in dieser Größe gemietet hatten. Die standen nämlich mit sehr fragenden Gesichtern um dasselbe Riesenauto herum und hatten die gleichen Orientierungsschwierigkeiten wie wir in Chicago, als wir in unser erstes amerikanisches Auto gestiegen waren. Allein schon die Automatikschaltung am Lenkrad stellte für uns eine Umgewöhnung dar.

Wir fuhren los zu unserem Hotel, das wir extra etwas außerhalb von San Francisco in der Nähe vom Flughafen gewählt hatten. Ein Hilton Suite Hotel, das in den USA weit verbreitet und bestens für eine fünfköpfige Familie mit Kindern im Alter der unsrigen geeignet ist. Es gab zwei Schlafzimmer und Bäder und ein Wohnzimmer mit kleiner Küchenzeile. Ich muss, glaube ich, nicht extra erwähnen, dass sich in jedem Raum ein riesengroßer Fernseher befand. Nur nicht in den Badezimmern... Die Suite war einfach total gemütlich und mit wirklich ausreichend Platz. So konnte man sich nämlich abends noch in aller Ruhe mit einem Glas Wein hinsetzen, wenn die Kinder eingeschlafen waren.

Am ersten Abend erfuhren wir, dass das Abendessen inklusive war. Das Frühstück war sowieso jeden

Tag inklusive, aber am Ankunftstag nach der erneuten Zeitverschiebung zu Chicago mit zwei Stunden oben drauf und dann noch dem Flug mit vier Stunden, passte das für uns wunderbar. Die weitere Zeitverschiebung war zwar nicht so dramatisch, eher wie der Unterschied zwischen London und zu Hause, doch der Schlaf war in den letzten Tagen in Chicago eher Mangelware gewesen. Wir gingen also um kurz nach fünf Uhr zum Abendessen, das aus Kartoffelpüree, Maiskolben und Hackfleischbällchen mit Salat bestand und wirklich schmackhaft war.

Gesättigt und voller neuer Energie stiegen wir nach dem Essen in unser Auto. Die Erkundung von San Francisco stand auf dem Programm, denn wir Erwachsenen waren noch energiegeladen und voller Tatendrang. Katharina hatte ja im Flieger geschlafen und war ebenfalls fit, die beiden anderen hingen schon eher in den Seilen. Aber wir wollten – frisch in Kalifornien angekommen – nicht einfach nur auf dem Zimmer sitzen, sondern noch etwas unternehmen. Auf dem Weg in die Stadt hielten wir noch an einem kleinen Supermarkt und deckten uns mit Wasser und Wein für das Hotelzimmer ein. Dann ging es auf den Freeway 101 in Richtung Lombard Street mitten in Downtown San Francisco. Das war unser erstes Ziel. Die beiden müden Krieger schliefen dann letztendlich während der kurzen Fahrt im Auto ein.

Auf dem Weg dorthin hatte ich in den Straßen von Downtown bereits erste Hitzewallungen. Die Realität übertrifft hier wirklich alles, was wir normalerweise aus Filmen und dem Fernsehen kennen. Man weiß ja, dass es in San Francisco hügelig ist. Aber das ist nicht hügelig, das ist Bergsteigen mit vier Rädern! Die „Hügel" sind hier so steil, dass man beim Hochfahren beispielsweise der Hyde Street nur die Kante sieht und nicht weiß, wie es dahinter weitergeht. Und dann muss man an einer solchen Kante anhalten, weil die Ampel rot ist. Jetzt sollte man das Anfahren am Berg unbedingt beherrschen, sonst ist man unweigerlich verloren. Zum Glück haben die meisten Autos hier und natürlich auch unser Schiff Automatik und wir hatten zusätzlich noch die Anfahrhilfe am Berg. Trotzdem wurde es mir hier auf der Hyde Street in genau so einer Situation heiß. Erst dachte ich, wir setzen dort an der Kuppe auf, wo die Querstraße kreuzt, weil es wirklich steil war und gerade hier eine scharfe Kante ist. Dann mussten wir genau hier auch noch anhalten. Zu allem Übel fuhr der hinter uns so nah auf, dass mir, wie bereits erwähnt, spontan heiß wurde. Spannend wurde es dann, als die Ampel auf grün schaltete. Doch die Situation wurde gemeistert! Die Anfahrhilfe hat funktioniert und wir rollten nicht rückwärts und setzten auch nicht auf.

Wir fuhren weiter zur Lombard Street und zu der Stelle, an der diese berühmte Straße von San Francisco im Zick-Zack den Berg hinunter geht. Hier war der erste Touristenauflauf und wir reihten uns in die Autoschlange ein, welche die Straße im Zick-Zack nach unten fuhr. Ein Wahnsinnsgefühl, wenn man das zuvor nur auf Bildern oder in Filmen gesehen hat. Es ging die Lombard Street weiter runter – nun nicht mehr im Zick-Zack – und wieder hoch, wie überall in Downtown: Straße hoch und wieder runter. Und wir gelangten schließlich zum Telegraph Hill, von wo aus wir eine wunderschöne Sicht auf die Stadt hatten. Wir konnten sogar die Golden Gate Bridge im leichten Nebel im Hintergrund erkennen. Das war ein schönes Ankommen in dieser herrlichen Stadt, die uns hier zu Füßen lag und in der wir nun die kommenden drei Tage verbringen würden. Die beiden Schlafmützen waren mittlerweile auch wieder unter den Lebenden und konnten auch einen Blick auf die Stadt werfen, der am heutigen Abend allerdings sehr müde ausfiel.

Mit vielen Eindrücken fuhren wir dann wieder zurück ins Hotel. Ein erneut aufregender und erster

Tag unserer Rundreise klang aus. Die Kinder gingen nach ihrem Sandmann, den Sie auf dem iPad anschauten, noch zu einer normalen Uhrzeit ins Bett. Mein Mann und ich tranken noch gemütlich ein Glas Wein und gingen anschließend ebenfalls zeitig schlafen.

Wir waren angekommen in Kalifornien. Wieder einmal lief alles komplikationslos und stressfrei ab. Und nun waren wir auch richtig weit weg von zu Hause. Durch den Zeitunterschied von neun Stunden war die Heimat ganz, ganz weit entfernt, von der Entfernung und auch vom Empfinden. Ein Loslassen von allem Stress, allem, was einen zu Hause beschäftigt. Das sollte nun gelingen. Bei unserer ersten Erkundung von San Francisco begleitete uns Linkin Park. Obwohl das nicht so ganz passend war, denn hier fließt alles, fast wie von selbst, nichts ist laut oder aggressiv. Diese Stadt ist wirklich etwas ganz Besonderes, das wird schon nach den wenigen Stunden und Eindrücken klar.

Aus Sophies Tagebuch...

Am sechsten Tag haben wir gepackt und anschließend Donuts gefrühstückt. Danach haben wir das Auto am Flughafen abgegeben und sind zum Flughafen selbst ge-

fahren. Wir mussten nicht lange warten, bis wir ins Flugzeug konnten. In San Francisco angekommen, haben wir unser Mietauto abgeholt und sind zum Hotel gefahren. Im Hotel angekommen, haben wir zu Abend gegessen. Dann sind wir zum Auto und haben eine Rundtour durch San Francisco gemacht. Anschließend sind wir ins Bett.

Tag 7: Eroberung der neuen Stadt

Durch den erneuten Zeitunterschied hatten wir alle fünf bereits um sechs Uhr ausgeschlafen. Da es im Hotel unter der Woche schon ab halb sechs Frühstück gibt und der Geruch von frisch gebratenem Speck bereits durch die Hotelflure zog wie der Nebel über die Hügel von San Francisco, war diese Uhrzeit absolut kein Problem. Wir richteten uns her, frühstückten gemütlich – typisch amerikanisch und kontinental – und machten uns bereit für unseren Ausflug nach Downtown. Auf dem Programm stand heute das einzigartige Fortbewegungsmittel von San Francisco: die Cable Car. Zunächst fuhren wir in ein Parkhaus in der O'Farell Street in der Nähe der Ausgangsstation für die Cable Car. Das hatten wir über eine tolle App gefunden, in der alle Parkhäuser und Parkplätze in der Gegend mit dem entsprechenden Preis angezeigt werden.

Ich war der Lotse und dirigierte uns somit problemlos über den Freeway 101 durch Downtown zum Parkhaus. Das funktionierte besser als mit der Dame vom Navigationsgerät. Von da aus gingen wir zur Wendestelle, wo wir erst mal ein Tagesticket erwarben. Das kostete 15 Dollar pro Person und Tag. Eine einfache Fahrt mit der Cable Car kostete dagegen sechs Dollar pro Kopf und die war beendet, sobald man ausstieg. Wir hatten ja aber vor, vielleicht doch öfter damit zu fahren oder auch einmal den Bus, das alternative öffentliche Verkehrsmittel in San Francisco, zu nehmen. Von daher lohnte sich das investierte Geld schon. Es hatte sich bereits eine Schlange an der Haltestelle gebildet, doch das war kein Problem. Die Schlange bestand auch zu 100 Prozent aus Touristen, denn die Einheimischen fahren eigentlich keine Cable Car. Zu groß sind das Gedränge und der Auflauf und somit ist das einstige Fortbewegungsmittel für die Einwohner von San Francisco definitiv zu einer reinen Touristenattraktion geworden.

Da wir so früh aufgestanden waren, hatten wir noch massig Zeit, denn es war gerade mal neun Uhr am Morgen. Ein wunderschöner Morgen mitten in San Francisco an der Endstelle der Cable Car. Die erste Cable Car fuhr ein, wurde von den zwei Fahrern auf der sogenannten Drehscheibe gedreht. Wir beobachteten dieses Prozedere genau, denn es ist weltweit einzigartig.

Die Cable Car fährt nämlich nicht auf Schienen oder mit Strom, sondern hängt an einem Stahlseil und wird an diesem durch bestimmte Strecken in der Stadt von einer zentralen Stelle aus gezogen. Dort ist auch das Cable Car Museum, das wir uns später noch ansehen wollten. Von hier aus laufen diese Drahtseile unterirdisch unter den Straßen und somit bewegt sich diese Bahn durch die Stadt. An der Endhaltestelle wird dieses Seil ausgehakt, der Wagen wird gedreht und das Seil wieder eingehakt, und zwar rein manuell von zwei Männern.

Anschließend durften die Leute einsteigen, nur um gleich darauf wieder auszusteigen und die Cable Car fuhr leer weiter. Warum, erfuhren wir nicht.

Die nächste stand aber bereits in Warteposition und wir sahen das Wende- beziehungsweise Drehmanöver insgesamt dreimal und in der vierten saßen wir dann. Leider waren die begehrten Außenplätze alle besetzt und wir mussten nach drinnen. Doch schließlich war das ja erst unsere erste Fahrt und es sollte noch die ein oder andere folgen. Wenn man nun Herzklopfen beim Hochfahren der steilen Bergstraßen mit dem Auto bekommt, dann artet das beim Mitfahren mit der Cable Car wohl eher in Herzrasen aus. Aber nein, es war eigentlich nicht schlimm. Vielmehr spannend und interessant.

Wir fuhren die komplette Strecke durch bis zur Endstation unten am Wasser am Ghirardelli Square und liefen von da aus das kurze Stück zurück zur

Lombard Street, die wir dann kurzerhand von unten im zick-zack die Strecke nach oben liefen, wie wir sie gestern mit dem Auto nach unten gefahren waren. Die Kinder waren so voller Energie, dass sie den Berg rennend nahmen und er war steil! Wir Erwachsenen waren dann doch nicht ganz so schnell…

Oben an der Lombard Street angekommen, warteten wir auf die nächste Cable Car, die uns wieder runter zum Ghirardelli Square bringen sollte. Wir warteten eine ganze Weile und langsam wurde uns kalt. Es schien zwar die Sonne, doch noch war es recht früh am Tag und deutlich frisch. Irgendwann entschieden wir uns, den Berg zu Fuß hinunter zu laufen, da nun seit geraumer Zeit aus beiden Richtungen kein einziges Gefährt gekommen war. Wir liefen los und was kommt uns entgegen? Ja, genau, eine Cable Car. Und schon kam auch eine auf unserer Richtung und da wir gerade an der nächsten Haltestelle waren, stiegen wir doch glatt zu. Und hatten Glück, denn auf den Außenplätzen war noch jede Menge Platz. Und so ging es auf der Cable Car dieses Mal außen im Freien das letzte Stück der steilen Hyde Street hinunter.

Weiter ging es zu Fuß auf der Jeffersen Street in Richtung Fisherman's Wharf. Die Sonne schien und wir waren in richtig guter Urlaubslaune. Die Jacken konnten wieder ausgezogen werden. Wir schlenderten also weiter in Richtung Fisherman's Wharf, dem Wahrzeichen von San Francisco. Dort angekommen, bemerkte ich das berühmte Schild und Wahrzeichen allerdings zuerst gar nicht, weil an dieser Ecke ganz viele leckere Snack-Restaurants mit Fischprodukten waren, die zunächst meine ganze Aufmerksamkeit auf sich zogen.

Die Kinder stellten sich dann schließlich doch noch für das obligatorische Foto vor dem Schild, diesem großen nachgebauten Steuerrad mit der Aufschrift „Fisherman's Wharf of San Francisco", auf und weiter ging es. Man geht hier die Piers entlang und das bekannteste ist Pier 39. Wir gingen aber zunächst nicht so weit, sondern bogen bei Pier 41 ein. Die Piers nehmen in dieser Richtung immer in ungeraden Zahlen ab. Nach Pier 43 kam also Pier 41 und dann das berühmte Pier 39. Pier 41 ist eigentlich nur ein langer Holzsteg ohne Menschenansammlungen, von dem aus man einen grandiosen Ausblick auf San Francisco Downtown, Alcatraz und bis zur Golden Gate Bridge in weiter Ferne hat. Das Ganze auch, wie gesagt, ohne Touristen und Lärm. Der Höhepunkt war dann der Blick rüber zum Pier 39 und wir hatten Glück: Die Seelöwen waren wieder da! Hinten dran am Ende von Pier 39 standen die Menschentrauben und begafften die Tiere. Von hier aus war man zwar nicht ganz so nah dran, aber der Ausblick war herrlich. Dabei war es gar nicht so sicher gewesen, dass wir die Seelöwen auch wirklich sehen. Kurz vor unserer Abreise hieß es nämlich noch, dass sie derzeit nicht da wären. Der genaue Grund für ihre Abwesenheit ist nicht bekannt, Forscher gehen jedoch davon aus, dass sie auf der Suche nach Nahrung und um sich zu paaren, die Bay verlassen. Die Paarung war aber anscheinend beendet und wir durften auch diese Attraktion bestaunen. Die Kinder waren ganz begeistert, die Tiere dort faul in der Sonne liegen zu sehen. „Sind die süß", rief Katharina. „Und die grunzen so lustig!"

Nach einer Panorama-Aufnahme von der Skyline stürzten wir uns dann ins Gewühl und in den Trubel: Das Vergnügungspier 39 war dran. Hier war wirklich die Hölle los und alles ist vollkommen auf Touristen ausgerichtet. Die Preise sind entsprechend hoch und es empfiehlt sich nicht wirklich ein Einkauf. Aber Durchschlendern kann man getrost und sich von der Menge durchtreiben lassen. Am Ende des Piers gingen wir ein paar Holztreppen nach oben. Unter uns stand die Menschensammlung, die wir vom Nachbarpier aus beobachtet hatten. Von hier aus warfen wir noch einen kurzen und letzten Blick auf die Seelöwen aus der Nähe. Hier roch es auch deutlich strenger, da die Tiere nun zum Greifen nah waren und sie einen intensiven Geruch ausströmen! Aber es ist lustig, wie die Tiere sich hier sonnen und präsentieren.

Die Kinder bekamen ein paar Donuts, doch da hatten wir uns leider einen Nepp andrehen lassen. Still, leise und heimlich wurden nämlich keine zwölf, sondern nur elf eingepackt. Das ist ein gutes Beispiel für den Betrug, der gerne mal hier und auch an anderen touristischen Hotspots betrieben wird. Deshalb kaufen wir an solchen Stellen normalerweise nichts. Diese Mini-Donuts waren jetzt nicht das Problem, zumal wir die falsche Anzahl erst kurz darauf beim Auspacken bemerkten. Zum Beschweren war es zu spät und dazu hatten wir auch keine Lust, schließlich waren wir im Urlaub und in den USA und haben die Beschwerdementalität in Deutschland gelassen.

Nach dem ganzen Trubel auf der Pier 39 und dem Donut-Fail wollten wir nun eine Kleinigkeit zu Mittag essen und gingen zurück in Richtung Endhaltestelle der Cable Car. Zwischen der Jefferson und der Beach Street findet man jede Menge Snacks und wir entschieden uns für das für San Francisco typische

Clam Chowder Bread Bowl. Das ist eine sämige Muschelsuppe im Brotlaib. Für meinen Geschmack war es ein bisschen viel sämig und wenig Muschelsuppe, aber unser Motto lautet, alles Neue und Unbekannte einfach auszuprobieren. Die Kinder machten das natürlich nicht: Die Mädels aßen lediglich Pommes und Nicolas Pommes mit Krabben. Um uns herum waren lauter Möwen, die ganz gierig auf sämtliche Krümel waren. Am Stand, an dem wir unseren Mittagssnack gekauft hatten, wurden wir bereits vor den doch wohl sehr aggressiven Tieren gewarnt. Wir beendeten den Snack allerdings ohne Zwischenfall mit irgendwelchen Möwen oder ähnlichem und gingen weiter zur Haltestelle.

Die nächste Cable Car war gleich unsere und sie stand schon fast in der Startposition, sodass sich das Hinsetzen dort gar nicht erst lohnte. Wir eroberten gleich unsere Plätze wieder am Rand im Freien, wobei die Kinder und ich saßen und der Papa erneut auf der Plattform stand. Das war nun unsere dritte Fahrt, das Tagesticket hatte sich bereits gelohnt. Wir baten den Fahrer, am Cable Car Museum, das auf dieser Fahrtstrecke lag, anzuhalten. Wenn nämlich niemand an einer Haltestelle aus- beziehungsweise einsteigen möchte, fährt die Bahn ohne zu halten einfach weiter.

Bis zum Museum füllte sich die Bahn und es standen zum ersten Mal Leute vor mir und den Kindern auf der Plattform. Langsam aber sicher nahm bei unseren Dreien die Energie ab. Trotzdem stiegen wir am Museum aus und warfen einen Blick in den Ursprung der Cable Car Bahn.

Das Museum kostet keinen Eintritt, man spaziert einfach rein. Ein Stockwerk tiefer kann man den realen Antrieb der Bahn sehen. Dort drehen sich die riesigen Räder, welche die unterirdischen Seile quer durch die Stadt ziehen. Das Powerhouse, der Antrieb, befindet sich hier. Man kann die vier Motoren im Erdgeschoss bewundern, einer für jedes der vier Seile, die durch die Stadt laufen. Alle Cable Cars werden von dieser Stelle aus durch die Stadt gezogen. Der Besuch des Museums war überraschend sehenswert, um zu erfahren, wie diese weltweit einzigartige Fortbewegungsmethode funktioniert.

Wir hatten genug gesehen und gelernt und machten uns nun zu Fuß auf zu unserer letzten Station für heute: Chinatown, das nur wenige Blocks entfernt war. Aufgrund einer Baustelle mussten wir jedoch einen kleinen Umweg nehmen und kamen so in die größte chinesische Enklave außerhalb Chinas auf der ganzen Welt. Sophie bestaunte sofort den Wechsel der Schrift bei den Geschäften und Schildern.

Nach dem Einbiegen in die Grant Street, die zum Chinesischen Tor führt, waren wir in der chinesischen Welt angekommen. Geschäft reiht sich an Geschäft, chinesische Lampions hängen über der Straße und an Häusern und es gibt nichts, was es nicht zu kaufen gibt. Souvenirs, T-Shirts und Nippes noch und nöcher – alles natürlich „Made in China".

Nach unserer nicht so positiven Erfahrung im China Town in New York einige Jahre zuvor und damals noch ohne Kinder kann ich persönlich dem geschäftlichen und gewinnorientierten Treiben nicht mehr ganz so viel abgewinnen. Die hier angebotene Billigware interessiert mich auch nicht. Im Vergleich zum Chinatown in New York fehlten hier die Geschäfte mit Meeresfrüchten, Fisch und anderen frischen Produkten. Wir hatten zu Beginn lediglich ein paar Gemüse- und Obstläden gesehen. Doch anscheinend befinden die sich nicht in der Grant Street, sondern in irgendeiner anderen Gasse. China Town erstreckt sich in der Breite nämlich etwa über drei Blocks, die Länge habe ich nicht gezählt, es sind auf alle Fälle mehrere Blocks. Doch aufgrund der nun tatsächlich eingesetzten Müdigkeit bei den Kindern beließen wir es dabei, die Grant Street in Richtung Tor hinabzulaufen und suchten nicht nach weiteren Geschäften.

Dort angekommen, schlugen wir den Weg in Richtung Parkhaus ein, der uns über den Union Square führte. Den überquerten wir und sahen dabei, dass es ganz oben im Kaufhaus Macy's eine Cheesecake Factory gab. Die Kette, in der es in den USA den besten Kuchen geben soll... Das wäre doch noch ein netter Abschluss und eine gute Möglichkeit, wieder Energie zu tanken, dachten wir, und gingen hinein. Der Fahrstuhl war nur klein und es dauerte ewig, bis alle Anstehenden nach oben transportiert wurden. Deshalb fuhren wir doch lieber die Rolltreppe hoch in den siebten Stock. Dann traf uns der Schlag. An der „Rezeption" beziehungsweise am Empfang hing eine Traube mit unzähligen Menschen.

Unsere erste Aktion war deshalb der Gang zur Toilette, denn alle drei Kids hatten ein entsprechendes Bedürfnis. Ich ging mit, schickte Nicolas zur Männertoilette, die noch vor der Damentoilette war. Hier gab es keine Schlange und ich stellte mich mit den Mädels zusammen in die Schlange vor der Damentoilette. Das dauerte und dauerte, sodass ich Sophie bat, mit Katharina zusammen in eine Kabine zu gehen und dann rauszukommen. Ich würde bei der Männertoilette auf Nicolas warten, der nämlich bestimmt schneller fertig sein und dann dort ganz allein in der Menschenansammlung warten würde.

Und so standen die beiden tapfer an und warteten. Bis sie dran waren, war Nicolas natürlich schon fertig. Wir warteten dann gemeinsam auf die Zwei, die völlig souverän aus der Damentoilette kamen. Ein komisches Gefühl war es schon, die beiden in der weiblichen Ansammlung alleine zu lassen, doch ich stand direkt am Eingang, ihr Weg musste an mir vorbeiführen. Letztendlich haben sie es ja gut gemeistert und ich hätte Nicolas nicht alleine vor der Männertoilette stehen lassen wollen.

Wir kehrten zu Papa zurück, der in der Zwischenzeit die Wartezeit für einen freien Tisch in Erfahrung gebracht hatte: 40 Minuten! Das war uns trotz des Anblicks ganz leckerer Kuchen nach dem bereits absolvierten Programm definitiv zu lang und wir gingen schnurstracks in Richtung Parkhaus.

Hier waren wir überrascht, denn wir zahlten sogar einen niedrigeren Preis, weil wir am Morgen bereits vor neun Uhr eingefahren waren. Das Parken in San Francisco ist eigentlich eine teure Angelegenheit. Da wir aber am Morgen bereits früh unterwegs und im Parkhaus waren, kamen wir in den Genuss des Sonderpreises, der bei einer Einfahrt vor neun Uhr greift. Zurück im Hotel erfüllte ich den Kindern ihren Wunsch und ging mit ihnen in den Indoor-Pool. Indoor lässt sich ganz einfach damit erklären, dass es selbst im August mit dem Wind und dem ständig lauernden Nebel viel zu kalt für einen Außenpool ist.

Heute war das Wetter zwar herrlich, blauer Himmel und Sonnenschein und in Downtown war es richtig warm. Doch außerhalb von der Innenstadt zog ein sehr kalter Wind trotz Sonnenschein ums Hotel. Den Kindern war das völlig egal, Hauptsache Wasser und Toben. Wenn es nach mir ginge, hätten sie da auch alleine hingehen können.

Doch auf allen Schildern stand neben einer ganzen Litanei an einzuhaltenden Vorsichtsmaßnahmen, dass Kinder unter zwölf Jahren und Nichtschwimmer nur in Begleitung in das zum Teil nicht mal einen Meter tiefe Wasser dürfen.

Das ist eigentlich übertrieben, aber in den USA herrschen einfach andere Vorstellungen, was die Sicherheit von Kindern angeht. Die Erfahrung hatten wir ja bereits in Chicago gemacht. Und die US-Amerikaner sichern sich im Hinblick auf die möglichen hohen Schadensersatzklagen in alle Richtungen ab. Ich ging also mit und versuchte, in dem sehr kleinen Becken, das wie gesagt nicht besonders tief war, selbst ein wenig meinem Hobby, dem Schwimmen, nachzugehen. Dabei musste ich Angst haben, dass ich mir die Knie auf dem Boden anschlug. Doch die Kinder hatten einfach Spaß!

Nach einer Weile gingen wir wieder zurück ins Zimmer, wo wir, die Kinder und ich, uns erst einmal duschten, denn mit Chlor hatte man auch bei diesem Indoor-Pool nicht gerade gespart.

Anschließend war dann noch Zeit, um ein wenig auszuruhen, bevor wir zum Abendessen loszogen. Wir hatten uns für die Sportsbar „7 Miles" in der Nähe vom Hotel in Brisbane, ein Vorort von San Francisco im Süden gelegen, entschieden. Da es wirklich nicht weit war, waren wir auch gleich da und auf den ersten Blick dachte ich, dass da ein Fehler vorliegen müsse. Die Bar sah eher aus wie eine Hütte, doch wir waren mutig, parkten und gingen hinein. Sie entpuppte sich dann als besonders urige, typisch amerikanische Sportsbar, sodass wir mit unserer Wahl zufrieden waren. Die Bedienung brachte den Kindern sogleich Malbücher und war unglaublich nett, zuvorkommend und freundlich.

Dabei entsteht sofort eine völlig positive und angenehme Atmosphäre, was besonders im Vergleich zu Deutschland schon wieder erfreulich auffällt. Nicht nur sie, sondern jeder, der uns an diesem Abend in irgendeiner Form bedient hat, war einfach nur zuvorkommend und entgegenkommend. Und da gehört nicht mal besonders viel dazu.

Natürlich ist mir klar, dass die Dame uns in dem Moment vergessen hat, in dem wir die Bar wieder verlassen. Doch das macht nichts, man wird freundlich mit einem Lächeln im Gesicht behandelt und fühlt sich einfach nur wohl. Das fehlt zu Hause beziehungsweise ist in der Heimat ziemlich abhandengekommen. Da laufen leider viel zu viele mit einem Angela Merkel-Gesicht durch die Gegend und der Gesichtsausdruck sagt vielmehr aus, dass derjenige eigentlich gar keine Lust zum Arbeiten und auf einen selbst als Gast oder Kunden hat. Das spürt man einfach. Die Botschaft, die nun in dieser Sportsbar vermittelt wurde, war eindeutig: „Wir sind glücklich, euch als Gäste zu haben".

Meine Essenswahl wurde dann auch sofort von der Bedienung mit „Großartig, das ist super!" kommentiert. Undenkbar drüben über dem Teich auf unserer Seite, denn dort ist die Wahl für die Bedienung absolut unwichtig.

Für die Kinder gab es ein Kidsmenü für 4,95 Dollar inklusive Trinken und Eis. Die Mädels bestellten sich Spaghetti. Was da serviert wurde, war selbst für einen Erwachsenen zu viel. Zumindest für einen

Europäer. Und bei den beiden passierte dann genau das, was auch mir passiert, wenn man mir einen so randvoll gefüllten Teller vorsetzt und ich bei jedem Bissen gar nicht bemerke, dass es weniger wird. Der Magen macht dicht und man bekommt gar nicht viel runter. Hätten wir das gewusst, hätten wir natürlich nur eine Portion für alle beide bestellt. Aber wer weiß das schon vorher... Der Cheeseburger für Nicolas dagegen fand vollen Anklang: „Schmeckt der gut!" war sein Kommentar. Ich aß Fisch-Tacos mit Avocado, das war auch einfach nur lecker. Und vom Preis her wie die Kindermenüs überhaupt nicht teurer.

Anschließend gab es noch das Eis für die Kinder, das dann natürlich auch bei den Mädchen wieder Platz im Magen hatte. Nur Katharina streikte nach der Hälfte, den Rest aß also ich. Da wir das Übriggebliebene nicht mitnahmen, was hier anscheinend sonst üblich ist, weil wir ja keine Möglichkeit hatten, es aufzuwärmen, bekam der Papa ein Bier gratis spendiert. Das „7 Miles" in Brisbane muss an dieser Stelle lobend erwähnt werden, da es wirklich eine geniale Sache ist. Einzig die Lautstärke war enorm und man musste sich schon anbrüllen, um den anderen zu verstehen. Das gehört aber auch dazu in einer Sportsbar. Überaus freundlich wurden wir dann auch verabschiedet und fuhren das kurze Stück wieder zurück zum Hotel.

Ein sehr ereignisreicher Tag ging zu Ende. Ein Tag, mit so vielen interessanten Eindrücken, denn San Francisco ist einfach eine einmalige Stadt, die es so nirgendwo noch einmal gibt. Der erste Eindruck vom Vorabend hat sich nun am zweiten oder ersten richtigen Tag durchaus bestätigt. Das ständige Auf und Ab macht jeden Straßenzug zu etwas Besonderem und kein Haus gleicht dem nächsten. Überaus freundliche Amerikaner immer mit einem Lächeln im Gesicht mit dem krönenden Abschluss in der typisch amerikanischen Sportsbar hinterlassen ihre Spuren an diesem Tag. Auch die Beine tun schon etwas weh vom vielen Laufen. Das ist trotz Cable Car-Fahrten nicht zu unterschätzen, macht aber nichts. Eine solche Stadt erkundet man am besten zu Fuß! Und das Erlebte ist nun fest im Kopf verankert.

Aus Sophies Tagebuch...

Am siebten Tag sind wir mit dem Auto in die Stadt gefahren. Danach sind wir mit der Cable Car bis zur Endstation gefahren und dann die Lombard Street hochgelaufen.

Dann sind wir zum Fisherman's Wharf gelaufen und zum Pier. Anschließend sind wir mit der Cable Car zum Cable Car Museum gefahren.

Dann sind wir zu Fuß nach China Town, hier leben nur Chinesen. Außerdem ist das die größte Ansammlung von Chinesen außerhalb von China.

Danach sind wir zum Hotel gefahren. Anschließend waren wir im Pool. Zum Essen gab es ganz viel Spaghetti.

Tag 8: San Francisco heute aus einer anderen Perspektive

Langsam wird es schwierig, mit meinen täglichen Notizen nachzukommen. Wir unternehmen jeden Tag so viel, dass ich abends gar nicht mehr dazu komme, alles Erlebte aufzuschreiben. Heute ist eigentlich schon der neunte Tag am Abend, aber ich weiß noch ganz genau, was gestern alles geschah:

Wir standen ganz normal auf, nachdem wir eine Nacht wirklich wahnsinnig gut geschlafen hatten. Die Männer waren wieder mal als erstes wach, dann folgte ich und nach und nach kamen dann auch die Mädels.

Wir gingen zum Frühstück und dort gab es einen Waffelautomaten, an dem man frische Waffeln zubereiten konnte. Ich ging nicht gleich zu Beginn hin, sondern besorgte erst mal alles andere, was wir für das Frühstück brauchten. Angefangen bei der Milch für die Kinder und den Toast bis hin zum Müsli. Als ich dann für Katharina eine Waffel machen wollte, stand am Waffelautomat bereits eine Riesenschlange. Ich stellte also die beiden Mädchen in die Schlange, um selbst noch fertig zu frühstücken. Aus der gewünschten Waffel wurde an diesem Morgen allerdings nichts, da wir dann bereits mit dem Frühstück fertig waren und die Schlange mit den beiden Mädels noch keinen Deut kürzer geworden war. Ich versprach, das mit der Waffel am nächsten Morgen noch mal zu versuchen und wir gingen zurück ins Zimmer, um uns für den heutigen Ausflug vorzubereiten.

Im Wetterbericht waren Wolken bis etwa neun, zehn Uhr vorausgesagt, anschließend sollte es besser werden. Als erste Etappe stand heute nämlich die Golden Gate Bridge auf dem Programm und da wäre schönes Wetter eigentlich nicht schlecht. Wir fuhren um neun Uhr gemütlich los, aber heute hielt das Wetter nicht, was uns versprochen wurde. Dichter Nebel, der bekannte Fog, lag über den Hügeln der Stadt, die Spitzen der Wolkenkratzer waren nicht zu sehen. Und das, obwohl gestern strahlend blauer Himmel und Sonnenschein die Skyline von San Francisco beherrschten. „Super," dachten wir, doch da ist nichts zu machen. Man muss das Wetter eben einfach nehmen, wie es ist.

Wir kamen rasch bei der Golden Gate Bridge an. Heute war ja Samstag, der Verkehr und eine Rushhour waren quasi nicht vorhanden und wir kamen ruck zuck durch die Stadt. Schon am Vortag hatten wir uns über die eigentlich nicht vorhandene Rushhour gewundert und wie schnell man von draußen im Süden der Stadt doch in der Innenstadt ist.

Nun waren wir aber zunächst an der Golden Gate Bridge angekommen, fuhren auf die Brücke und dann darüber. Was für ein Gefühl! Es war unbeschreiblich, in einer solchen Höhe über dieses weltberühmte Bauwerk selbst mit dem „eigenen" Mietauto zu fahren. Der Nebel wurde für uns zur Nebensache, bei schönem Wetter kann das schließlich jeder. Und irgendwie hat es auch etwas, über die Bay von San Francisco zu fahren und die monströsen roten Pfeiler der Brücke sind zum Teil von Nebelschwaden umlagert.

Sophie blickte ganz interessiert aus dem Fenster und bewunderte die Höhe. Außerdem entdeckte sie von der Brücke aus die Gefängnisinsel Alcatraz, die wir am Vortag von Downtown aus schon gesehen und den Kindern erklärt hatten. Deren Besuch stand ja für diesen Abend an, doch ich fand es schon sehr erstaunlich, dass das Kind sich das gemerkt und nun aus dieser anderen Perspektive erkannt hatte. Sie hören anscheinend also doch aufmerksam zu, wenn man versucht, etwas zu erklären. Manchmal zumindest...

Am anderen Ufer angekommen, fuhren wir als erstes zum Aussichtspunkt rechts vom Highway. Die Sicht von hier aus war natürlich aufgrund des Nebels eher mäßig, doch es war noch nicht viel los, wodurch wir hier keine Probleme hatten, einen Parkplatz zu finden. Es war aber für August sehr, sehr kalt und windig. Eigentlich wie im Herbst. Wir waren zwar entsprechend mit langen Hosen und Jacken angezogen, doch Winterklamotten hatte ich nicht eingepackt. Schließlich hatten wir Sommer. Nach ein paar Fotos ging es weiter zum nächsten Stopp.

Der Nebel kroch richtiggehend über die Hügel und fiel dann hinab in Richtung Erde. Ein interessantes Naturschauspiel, das wir da auf dem kurzen Weg nach Sausalito beobachten konnten. Das war nämlich unser nächstes Ziel: Wenn wir nun schon mal auf dieser Seite waren, wollten wir uns die bekannte Hausbootsiedlung am Ende des Ortes ansehen. Im Internet hatten wir uns vorab informiert und unter anderem gelesen, dass das Parken kein Problem sei, da es sich hier um einen verhältnismäßig kleinen Ort handelte.

Weit gefehlt. Wir kamen am Ziel an und was gab es nicht? Richtig, Parkplätze! Also gibt es im Land der unbegrenzten Möglichkeiten doch etwas, das begrenzt ist: Parkplätze! Die waren nämlich allesamt Privateigentum. Dort dürfen nur die Besitzer der Hausboote, aber keinesfalls Besucher oder Touristen parken. Wir suchten eine Weile nach einem Parkplatz. Letztendlich beschlossen wir, schnell was in dem benachbarten Supermarkt zu kaufen, um eine Kurzparkdauer von einer Stunde zu legalisieren. Gesagt, getan und mit dem eingekauften Wasser ließen wir das Auto auf dem ergatterten Parkplatz stehen.

Wir selbst gingen durch das erstbeste Dock mit Hausbooten, an der Eingangstüre stand schließlich nicht, dass der Zutritt verboten sei, und steuerten auf das älteste und in Reiseführern und im Internet für einen Besuch empfohlene Dock Issaquah zu. Das besichtigten wir komplett und Nicolas schoss von nahezu jedem Hausboot ein Foto. Sophie war so begeistert, dass sie am liebsten eines gekauft hätte, um hierzubleiben. „Mama, so eines möchte ich später mal haben. Gibt es das in Deutschland auch?" fragte sie mich. Leider so nicht, musste ich ihr antworten. Und ganz unerschwinglich sind die zum Teil richtig kunstvoll gestalteten Häuser, die wie richtige Gebäude anmuten, auch nicht. Eines stand für schlappe 1,5 Millionen Dollar zum Verkauf. Dafür sind alle mit Wasser, Strom und allem Notwendigen ausgestattet, die Lage ist sehr nett und auch das Ambiente passt. Und wenn man hier wohnt, hat man auch einen Parkplatz für das Auto.

Auf dem Steg, an dem die einzelnen Häuser beziehungsweise Hausboote liegen, standen vor jedem Liegeplatz wunderschöne Blumenkästen, die alle über Bewässerungsanlagen mit Wasser versorgt werden. Wir kamen am Ende des Steges an und kehrten wieder um. Eine wirklich interessante Siedlung, die wir so noch nirgendwo gesehen hatten.

Die Geschichte dieser Hausboote begann um die Jahrhundertwende, als viele Bewohner San Franciscos Boote in der Bay als eine Art Sommerdomizil verankerten. Beliebter Lageplatz war die Belvedere Lagoon zwischen Sausalito und Tiburon am östlichen Rand der Richardson Bay. Mit Ruderbooten erreichten sie ihre Hausboote, unter denen sich auch einige Clubs befanden. Die benötigten Vorräte wurden regelmäßig per Schiff angeliefert.

Bei dem schweren Erdbeben von 1906 verloren dann viele ihr Haus in der Stadt und zogen notgedrungen in ihre Zweithäuser auf dem Wasser. Sie brachten diese nun an die Küste Sausalitos, um einen leichteren Zugang zu haben. Mit Ausbruch des Zweiten Weltkriegs wurde der Großteil von Sausalitos Küste in Schiffswerften umgewandelt. Hier wurden Liberty Schiffe hergestellt, die als preiswertes Massenprodukt die Antwort auf den U-Bootkrieg im Atlantik waren. Die heute noch vorhandenen Straßennamen Gate 5, Gate 6 und so weiter stammen noch aus jener Zeit und wiesen den einzelnen Zugang zu den Fabrikationsstätten.

Nach dem Krieg wurden die Werkstätten geschlossen und das Baumaterial zurückgelassen. Nun begannen einige, sich mithilfe dieser herrenlosen Materialien vor dem ungenutzten Ufer ein preiswertes Domizil zu errichten, denn Grundbesitz brauchte man für so sein schwimmendes Haus ja nicht.

In den 1960ern, in der Ära der Hippies und Beatniks, ließen sich zudem einige Künstler hier nieder, genossen diese außergewöhnliche Wohnform und zogen damit weitere Aufmerksamkeit auf die Hausboote.

In den 1970ern entschied sich Sausalito schließlich, das ungeordnete und teilweise heruntergekommene marine Wohnviertel zu organisieren und schaffte elf Docks für schwimmende, nicht navigierbare Hausboote. Viele der bisherigen Bewohner verlegten ihre Hausboote zu den neuen Anlegestellen. Doch einige widersetzten sich, was zu Auseinandersetzungen führte. Letztlich gab man den Querulanten jedoch nach und toleriert seither ihre „illegalen" Hausbootsiedlungen, darunter einige an Land und andere mitten in der Bay.

Wir setzten unsere Tour fort. Ein wenig Hoffnung bestand noch, dass sich doch das vorhergesagte Wetter einstellen würde und wir auf der Rückfahrt vor der Golden Gate Bridge den Aussichtspunkt rechts von der Straße erklimmen könnten, um einen nebelfreien Blick auf die Brücke zu erhaschen. Zu diesem Zeitpunkt war es allerdings immer noch neblig und kalt. Deshalb verlängerten wir die Runde nördlich der Bay kurzerhand und fuhren in Richtung Muir Woods. Das ist ein Nationalpark mit Mammutbäumen und wir dachten, dem gönnen wir noch einen Abstecher.

Diese Idee hatten aber nicht nur wir, denn schon vor Sausalito auf dem Freeway hatten wir gelesen, dass der Parkplatz vor Ort voll sei und deshalb ein Shuttlebus empfohlen wurde. Der Shuttleparkplatz befand sich auch kurz hinter Sausalito, doch wir hatten diesen Ort ja ursprünglich nicht auf dem Plan und entschieden uns dennoch dazu, unser Glück zu versuchen. Falls wir kein Glück haben, wollten wir einfach weiter in Richtung Pazifik fahren. Draußen war es ja sowieso eher herbstlich kühl, da lud eine

Autotour wirklich ein und sich draußen bewegen, wollte man nicht unbedingt...

Vor Ort bewahrheitete sich dann die Vorwarnung. Nicht nur die beiden Parkplätze direkt am Nationalpark waren voll, sondern auch sämtliche Parkmöglichkeiten an der Straße entlang hinter dem Muir-Nationalpark waren über mehrere Meilen zugeparkt. Klar eigentlich, denn es war ein Samstag und die Mammutbäume in Muir Woods sind auch bei den Einheimischen ein beliebtes Ausflugsziel. Den Menschenauflauf wollten wir uns gar nicht vorstellen und schnell war klar, dass wir aus unserer Rundfahrt keine Tageswanderung machen werden. Zumal wir kleidungstechnisch für eine lange Wanderung bei den vorherrschenden Temperaturen auch gar nicht entsprechend ausgerüstet waren.

Wir fuhren also schnurstracks weiter zum Pazifik in Richtung Muir Beach. Oberhalb des Strandes ist ein wunderschöner Aussichtspunkt über das Meer und das war mein erster hautnaher Kontakt mit dem dritten Ozean, den ich bisher noch nicht besucht hatte. Und es war kalt, kalt und windig. Es zog so dermaßen, dass wir uns hier nicht lange aufhielten und lieber noch kurz zum Strand selber hinunter fuhren. Dort parkten wir und gingen ein paar Schritte in Richtung Muir Beach. Viele Familien verbrachten hier ihren Samstag, ungeachtet der fehlenden Sonne und der kühlen, ungemütlichen Temperaturen. Bei schönem Wetter kann schließlich jeder an den Strand gehen.

Kistenweise wurden hier Getränke und Nahrungsmittel angekarrt. Mir war es definitiv zu kalt und wenn einen doch die Häuser am Hang oberhalb des Strandes in ihrer wunderschönen Lage eifersüchtig machen und träumen lassen, so ist es mir hier zumindest heute definitiv zu kühl. Der Wind mit dem hereinziehenden Nebel ist an einem solchen Tag das Problem und das änderte sich auch nicht. Zum ersten Mal fuhren wir dafür nun ein Stückchen auf dem Highway Number One, bevor es zurück auf die 101 ging. Natürlich war die Situation an der Golden Gate Bridge dieselbe, nur dass der Parkplatz auf der gegenüberliegenden Seite jetzt gerammelt voll war. Hier ging es am Morgen ja noch.

Wir fuhren ohne Unterbrechung über die Brücke und warfen unsere Pläne mit Cliff House und Twin Peaks kurzerhand aufgrund der schlechten Sichtverhältnisse um und nahmen diese Sehenswürdigkeiten aus dem Programm. Wir fuhren zwar nach der Brücke die Lincoln Road rechts durch den Presidio Park in Richtung Lands End und Cliff House, doch ohne Stopp nur mit einem kurzen Blick darauf und auf den grau in grau vor uns liegenden Pazifik. Hier sahen wir, wie bereits oberhalb von Muir Beach, Bunkeranlagen aus der Zeit des Zweiten Weltkrieges. Die Amerikaner wappneten sich damals vor einem Angriff der Japaner auf San Francisco. Die Geschichte hat uns etwas anderes gelehrt, die Bunker sind aber nach wie vor Zeitzeugen aus dieser schwarzen Ära.

Der Sunshine State Kalifornien zeigte sich hier und heute nicht von seiner Sonnenseite und auch das Land der unbegrenzten Möglichkeiten zeigte uns speziell an diesem Tag seine Grenzen auf, nämlich in Form nicht vorhandener Parkmöglichkeiten. Wir fuhren zunächst am Golden Gate Park entlang in Richtung Alamo Square. Im Park fand ein dreitägiges Festival statt und massenweise strömten die Leute in das Grün. Obwohl wir nur 64 Fahrenheit, das sind gerade einmal 18 Grad Celsius, hatten, liefen jede Menge junge Frauen ziemlich leicht bekleidet in Richtung Veranstaltung. Ich bin ja normalerweise nicht so verfroren, doch die 18 Grad kommen einem noch viel kälter vor durch den eisigen Wind, der einem mitsamt Nebel um die Ohren bläst.

Am Alamo Square wollten wir uns die „Pink Ladys" ansehen. Das sind die bekannten bunten Häuschen, die mit der Skyline von San Francisco im Hintergrund auf jeder Postkarte zu finden sind. Das Hinkommen war überhaupt kein Problem, relativ schnell waren wir vor Ort. Wir umkreisten den kleinen Platz und hatten auch schon die Häuser entdeckt. Wir umfuhren mehrmals ganze Straßenblöcke in der Nähe, denn eigentlich wären wir ja gerne ausgestiegen, um ebenfalls ein Foto zu machen.

Nichts, aber auch einfach nichts war zu machen. Es gab nirgendwo auch nur den Hauch eines Parkplatzes, der ja für unser Schiff auch bestimmte Maße haben musste. Aber hier in der Ecke hätte man nicht einmal einen Smart parken können. Wir hatten also dasselbe Problem wie bereits in Sausalito, nur dass hier nicht mal ein Supermarkt in der Nähe war, auf dessen Parkplatz man sich hätte kurz stellen können.

Da sowieso eines der Häuser eingepackt war und renoviert wurde, war der Anblick nicht ganz störungsfrei und außerdem hatten wir bereits nach ein Uhr. Wir entschieden uns deshalb, eine kurze Mittagspause zu machen. Irgendwo am Rand der Straße hielten wir kurz vor einer Einfahrt, um in einer App etwas Passendes in der Nähe zu finden. Das war wieder kein Problem, wir wurden sofort fündig. Gerade ein paar Blocks weiter fanden wir etwas, wo es Sandwiches und ähnliches gab. Wir fuhren hin und nun nahm neben dem Hunger auch in der Tat die Frustration zu. Gerne hätten wir da etwas gegessen, doch ohne Parkplatz war auch das nicht möglich. Denn auch hier sah es diesbezüglich sehr mau aus. So unbegrenzt ist hier, zumindest in San Francisco, doch nicht alles.

Frustriert, hungrig und mittlerweile auch noch müde, was mit Sicherheit dem Wetter geschuldet war, fuhren wir also weiter in Richtung Hotel. Dahinter, in Richtung Flughafen gab es ein kleines Einkaufszentrum. Hier rechneten wir uns die größten Chancen aus, einen Parkplatz und etwas zu Essen zu finden. Dort angekommen, parkten wir endlich das Auto und fanden auch drinnen etwas, um dem Hunger zu begegnen. Es schmeckte mäßig, aber wir wurden satt. Die Kinder aßen Pizza und hielten sich wirklich wacker. Die Stimmung war heute anders. Müde, genervt und dann das Wetter, das selbst jetzt am Nachmittag immer noch nicht besser war. Die Luft und Euphorie vom Tag zuvor waren etwas raus. Heute hatten wir einfach kein Glück, weder mit dem Wetter noch mit dem Parken. Doch schließlich war Urlaub und der Tag auch noch nicht zu Ende.

Zum Ausruhen fuhren wir nach dem Essen im Einkaufszentrum zurück ins Hotel. Abends stand ja der

Höhepunkt des Tages auf dem Programm: unsere lange im Voraus geplante Fahrt nach und Besichtigung der Gefängnisinsel Alcatraz. Dafür wollten wir auch unbedingt fit sein, um das alles zu genießen. Die Kinder sahen ein wenig fern und wir Erwachsenen genossen die Ruhe und luden ein wenig die Batterien auf. Wünsche, um in den Pool zu gehen, hatte ich sofort abgeblockt, denn ich war ja selbst müde. Die Abfahrt war für 16:15, 16:30 Uhr geplant, denn um 17:55 Uhr ging unser Schiff von Pier 33. Eigentlich genug Zeit, wenn man pünktlich losfährt.

Ein wenig ausgeruhter ging es dann kurz nach halb fünf – fast pünktlich – los. Das Wetter hatte über der Bay ein wenig aufgeklart, in Richtung Golden Gate sah es aber immer noch aus wie bereits am Vormittag. Es war einfach ein kalter, trüber Nebeltag und anscheinend sollte sich das heute auch nicht mehr ändern. Dieses Mal benutzten wir das Navi im Auto und genau das sollte sich als fataler Fehler erweisen. Zuvor auf Google Maps wurde noch eine andere Route empfohlen. Nun ja, wir fuhren los und – standen auf dem Freeway im Stau. An einem Samstagnachmittag um fünf Uhr! Und wir hatten hier noch nie einen richtigen Stau, nicht mal zur Rushhour! Unsere Abfahrt hatte sich ja schon etwas verzögert, wir waren erst kurz nach halb losgefahren, und nun auch noch das! Wir standen und standen und es ging nur ganz langsam vorwärts, die Zeit schritt dagegen jedoch rasch voran. Da das Schiff zu Alcatraz pünktlich ablegen würde, wurde es immer knapper.

Der Papa ärgerte sich über sich selbst, weil er sich auf das Navi im Auto und nicht auf seine vorher geplante Route verlassen hatte. Aber an der Situation änderte das alles nichts mehr. Spontan entschieden wir uns, einen völlig anderen Weg einzuschlagen als den, den sämtliche Geräte empfohlen.

Wir fuhren praktisch mitten durch die Stadt wieder Hügel hinauf und Hügel hinab wie bereits am allerersten Abend immer die Hyde Street entlang und schafften es so zumindest pünktlich in die Zielstraße. Das war die Bay Street, hier sollte es einen Parkplatz oder ein Parkhaus geben. So war das laut unserer Parkhaus-App geplant. Pier 33 und die Anlegestelle des Schiffes nach Alcatraz waren von da aus ein Katzensprung. Sie wären vielmehr ein Katzensprung gewesen. Doch das Übel des ganzen Tages sollte sich auch noch über den Abend hinwegziehen. Der Parkplatz war voll und die Zeit schritt unerbittlich voran. Das Boot würde ohne uns ablegen, das war unsere größte Angst. Schließlich wollten wir ja Alcatraz sehen und die Karten mussten lange im

Voraus gekauft werden. Und nicht gerade billig war der Spaß auch. Kurz spielten wir mit der Idee, dass ich mit den Kindern alleine auf die Insel fahre, doch das fand ich ehrlich gesagt auch nicht besonders prickelnd.

Natürlich hatten wir im Vorfeld nach alternativen Parkplätzen geschaut, die wir jetzt auf die Schnelle aber nicht fanden. Die Zeit wurde nun wirklich knapp und wir kurvten zunächst reichlich ziellos durch die Gegend. Noch 15 Minuten bis zur Abfahrt und wir hatten keinen Parkplatz und keinen Plan. Wir standen gerade an einer Kreuzung, rechts ging es zum Pier 33 mit der Anlegestelle und geradeaus zum Pier 39. Die Ampel war rot und schaltete einfach nicht. Die Zeit verstrich und es fühlte sich an wie Minuten. Da gingen plötzlich bei einem Auto, das geradeaus gegenüber in der Straße an einer Parkuhr parkte, die Lichter an. Weit und breit war kein freier Parkplatz zu sehen. Das war unsere Chance! Uns blieb auch nur noch die eine. Jetzt brauchte der Mensch in diesem Auto aber noch eine Ewigkeit, bis er sich angeschnallt, wahrscheinlich irgendeinen Weg in das Navi eingegeben und den Wagen gestartet hatte. Die Ampel war schon grün, wir stellten uns hinter das andere Fahrzeug in Startposition, bereit den einzigen freien Parkplatz weit und breit zu erobern.

Als der Fahrer dann endlich – es erschien uns wie eine Ewigkeit – weggefahren war, fuhren wir schnell an seine Stelle, parkten, stiegen aus und mussten nur noch die Parkuhr füttern. Mit Münzen ging dies gar nicht voran, mit der Kreditkarte klappte es erst auf den zweiten Versuch. Ob es aber tatsächlich geklappt hatte, war ein echtes Glücksspiel. So richtig wussten wir das gar nicht, denn da stand irgendetwas von sieben AM bis sieben PM und die Uhr leuchtete grün. Wir hatten keine Zeit mehr, das weiter zu ergründen und riskierten nun einfach eine Geldstrafe in Höhe von 75 Dollar oder im schlimmsten Fall das Abschleppen. Im Vergleich dazu hatten unseren Tickets für Alcatraz das Doppelte gekostet. Die Kinder nahmen alles gelassen und auch ich bin verhältnismäßig ruhig geblieben. Ein Zeichen dafür, dass ich wirklich abgeschaltet und meine Nerven bereits regeneriert hatte. Es half ja eh alles nichts, und wir hatten immerhin Glück im Unglück und das Auto war geparkt.

Jetzt hieß es aber, sich beeilen. Mit unseren sportlichen Kindern joggten wir die Bay Street hinunter, mussten an der Ampel am Embarcadero aber warten, warten und wurden dann doch ein wenig nervös. Sofort bei grün spurteten wir fünf los und rannten von Pier 37 bis zu Pier 33. Die Kinder liefen uns Erwachsenen dabei locker flockig voraus. Am Pier 33 und der Anlegestelle für das Boot nach Alcatraz angekommen, erkundigten wir uns kurz am Eingang und durften dann gleich mit unseren vorab online bestellten und bezahlten Tickets durch. Wir waren die letzten in der Reihe, es war nun zwei Minuten vor der Abfahrt. Wir bestiegen auch als letztes das Boot und setzten uns oben auf Deck 1 im Freien auf eine Bank. Andere Plätze gab es nicht mehr.

Aber egal, wir hatten es geschafft und das war letztendlich viel wichtiger. Über die Kälte und den wirklich herbstlich frischen Wind sahen wir einfach hinweg und blickten nach vorne in Richtung Gefängnisinsel, der wir uns nun unaufhaltsam mit dem Boot über die Bay von San Francisco näherten. Denn schon hatten wir abgelegt und das Schiff fuhr über die Bay. Ich bin mir sicher, nie hat jemand so hartnäckig versucht, auf diese Insel zu kommen…

Beim Betreten der Insel blies ein heftiger und kalter Wind. Sofort hatte man ein merkwürdiges Gefühl, denn das erste Gebäude, das man erblickte, hinterließ gleich den Eindruck, dass man sich eben auf einer Gefängnisinsel befand. „US State Penetritiary" stand da geschrieben. Man wurde in Empfang genommen und erhielt das Informationsblatt. Für die

Kinder gab es das auch in deutscher Sprache. Das erhielt Sophie zum Lesen und zur Information. Wir schlossen uns dann gleich der ersten Gruppe an, denn diese ist bekanntermaßen als erstes dran und fertig. Geführt wird man nämlich bis zum Cell House, dem Zellentrakt von Alcatraz. Dort ging dann die Audiotour weiter, die es ebenfalls in deutscher Sprache gab. Das war natürlich besonders für die Kinder gut, da sie ja die englische Sprache nur mäßig verstehen.

Los ging es in der Ankunftshalle der Gefangenen. Hier sind die Duschen und die Übergabe der Gefängniskleidung zu sehen, was ich den Kindern erklärte. Weiter ging es in den Zellentrakt, wo man die winzigen Zellen bestaunen und sich kaum vorstellen konnte, dass hier wirklich gefangene Männer gehaust hatten. Die winzige Größe einer Zelle beeindruckte auch die Kinder. Während die beiden Älteren alles verstanden, war es für die Kleine nicht ganz so interessant. Am besten gefiel ihr die Stelle, als sie im Kopfhörer hörte, wie die Gefangenen im Speisesaal die Tische umwarfen, weil es zum x-ten Mal Spaghetti zum Essen gab. Sie war mit ihrer Geschichte irgendwie viel weiter, denn ihren Lacher verstand ich dann erst, als ich auch viel später an dieser Stelle angekommen war.

Die Führung ist wirklich sehr gut gemacht: Im Rahmen einer Geschichte, die von zwei Wärtern und zwei Gefangenen erzählt wird, kann die Atmosphäre auf dieser Insel real nachempfunden werden und die Bedrückung im Gebäude nimmt noch mehr zu. So wurden wir durch sämtliche Zellentrakts, durch den Verwaltungsbereich nach draußen, wo ein eisig kalter Wind blies, über den Speisesaal durch das ganze Gefängnis geleitet, das für über 1000 Gefangene ausgestattet war, aber nie mehr als 300 Gefangene tatsächlich beherbergte.

Wahnsinnig toll war der Blick von der Insel auf die Skyline von San Francisco. Die konnte man auch durch zwei winzige Fenster im Inneren sehen. Die Gefangenen waren in diesem Gefängnis somit doppelt bestraft, da das Leben nicht ganz zwei Kilometer entfernt von ihnen richtiggehend pulsierte und sie das von ihrer Insel aus sehen mussten.

Wir schauten uns noch den Krankentrakt an und am Ende des Ganges wartete eine besondere Überraschung auf uns. Die Audiotour war schon beendet und den Kindern wurde es zunehmend langweiliger. Wir wollten uns aber nicht entgehen lassen, was ein Mann von etwa 55 Jahren zu berichten hatte. Exakt dieses Wochenende fand nämlich das Treffen der ehemaligen Inselkinder statt und diese waren nun hier und standen den Touristen Rede und Antwort. Unser Gesprächspartner kannte sogar Deutschland, also schon wieder ein US-Amerikaner mit Verbindung zu unserer Heimat. Seine Frau kam aus Hamburg, er war in Nürnberg und Trier als Soldat stationiert gewesen und so kamen wir gleich ins Gespräch.

Wesentlich interessanter war jedoch, was er über Alcatraz erzählen konnte: Er wurde nämlich hier geboren. Die Wärter lebten zum großen Teil mit ihren Familien auf der Insel und die meisten davon hatten Kinder. Insgesamt waren es 150 Kinder von angestellten Gefängnismitarbeitern. Sie konnten sich auf der Insel frei bewegen, nur der Zellentrakt war tabu. Die ersten Schuljahre verbrachten sie ebenfalls auf der Insel und wurden hier unterrichtet. Erst in der weiterführenden Schule wurden sie mit dem Boot nach San Francisco gefahren. Sie konnten Freunde mit auf die Insel bringen, denn Kinder stellten keine Gefahr dar. Lediglich erwachsene Besucher wurden streng kontrolliert.

Er beschrieb das Leben auf der Gefängnisinsel als äußerst interessant, sie waren besondere Kinder und fühlten sich auch so. Er hat nur schöne Erinnerungen an die Zeit, bis das Gefängnis 1963 endgültig geschlossen wurde.

Der Grund für die Schließung waren die teuren Instandhaltungskosten und Reparaturen, die angefallen wären. Außerdem musste das gesamte Wasser auf die Insel gebracht werden, denn es gab keine Wasserversorgung, und es wurde viel Wasser als Trinkwasser und zum Waschen und für vieles mehr benötigt. Die Unterhaltskosten waren schlicht und ergreifend zu hoch.

Unseren Kindern wurde es nun aber wirklich langweilig, denn der Mann, das ehemalige Inselkind, sprach nur englisch und sie verstanden kein Wort. Ich übersetzte zwar zu Beginn ein wenig, doch das Interesse war endgültig erloschen. Es war bereits nach 20:00 Uhr, doch bis das Boot wieder in Richtung San Francisco ablegte, dauerte es noch über 30 Minuten.

Draußen war es wirklich sehr, sehr kalt. Wir warfen noch einen Blick in das Auditorium auf dem Rückweg vom Cell House zur Schiffsanlegestelle und warteten dann am Pier auf das Boot. Fünf Minuten vor der Abfahrt war es endlich da und wir gingen schnell an Bord. Von dort aus hatte man eine unglaublich schöne Aussicht auf San Francisco bei Nacht.

Schon nachdem wir den Zellentrakt und das Gefängnisgebäude verlassen hatten, kam auch wieder die Angst um unser Auto zurück. Die ganze Zeit hatte ich nicht daran gedacht, weil die Führung und die Atmosphäre im Gefängnis so interessant waren. Aber nun kam mir wieder in den Sinn, dass es möglicherweise abgeschleppt worden sein könnte. Das wäre furchtbar gewesen, denn ich fror ziemlich heftig und es war immerhin schon spät, fast 21:00 Uhr. Kaum hatten wir angelegt, liefen wir dann auch ganz schnell in Richtung Auto. Sophie rannte vorne raus und sah als Erste, dass es noch da stand. Wir hatten nicht einmal einen Strafzettel bekommen! Also wirklich Glück im Unglück gehabt und mit der Parkuhr war dann wohl doch alles rechtens gewesen.

Wir fragten die Kinder, ob sie noch Hunger hätten, denn schließlich hatten wir seit dem Nachmittag im Einkaufszentrum nichts mehr gegessen. Doch sie waren nicht hungrig, nur müde. Da wir auch keinen richtigen Hunger hatten, fuhren wir also gleich los, ohne noch irgendwo etwas essen zu gehen.

Jetzt konnten wir auch die Rückfahrt zum Hotel mit der beleuchteten Bay Bridge richtig genießen. Die Hinfahrt war ja lediglich Stress gewesen. Was für ein wunderschöner Anblick! Es hieß nun Abschied nehmen von San Francisco, denn am nächsten Morgen sollte es mit unserer Rundreise weitergehen. Ein überaus gelungener Abschied mit einem ganz tollen Besuch auf der Gefängnisinsel und einer sehr schön beleuchteten Skyline und Brücke.

Dieses Mal fuhren wir die Strecke, die wir uns ausgedacht und geplant hatten, doch nun hatten wir ja auch keinen Zeitdruck mehr. Im Hotel angekommen, fielen wir nur noch ganz müde mit vielen Eindrücken des Tages ins Bett.

Der Tag hat uns gelehrt, dass es im Land der unbegrenzten Möglichkeiten durchaus auch Grenzen gibt. Angefangen in Sausalito mit dem Mangel an Parkplätzen bis hin zur Parkplatzsuche kurz vor der Abfahrt nach Alcatraz, die um ein Haar nicht stattgefunden hätte. Und der Sunshine State Kalifornien ist nicht unbedingt an allen Stellen und Orten ein Sonnenstaat. Der heutige Tag war ein richtiger Nebeltag mit herbstlich kalten Temperaturen. Gleichzeitig war es die erste hautnahe Begegnung mit dem Pazifik, der heute allerdings grau in grau und ziemlich stürmisch war. Das würde sich nun aber mit unserer Weiterreise gen Süden definitiv ändern.

Aus Sophies Tagebuch...

Am achten Tag sind wir aufgestanden und zum Früh-

stück. Nach dem Frühstück sind wir zur Golden Gate Bridge, von der aus habe ich Alcatraz gesehen.

Danach sind wir nach Sausalito gefahren, wo es fast nur Hausboote gibt. Wir wollten uns die Hausboote anschauen und ich fand die so schön.

Dann sind wir in den Wald gefahren, Richtung Pazifik, und sind ein bisschen am Strand entlang gelaufen.

Danach sind wir wieder über die Golden Gate Bridge gefahren und von da aus nach San Francisco und in der Nähe von unserem Hotel in ein Einkaufszentrum. Dort haben wir was zu Mittag gegessen.

Dann sind wir zurück zum Hotel und haben uns ausgeruht. Am Abend sind wir zum Hafen gefahren und von dort aus auf die Gefängnisinsel. Dann haben wir uns die Insel angeschaut. Das war sehr beeindruckend. Und auch beängstigend, denn wenn man sich vorstellt, selbst da gefangen zu sein, möchte man doch lieber kein Verbrecher sein. Ich hatte aber keine Angst, weil auf Alcatraz keine Verbrecher mehr leben.

Anschließend sind wir zurück ins Hotel und haben San Francisco bei Nacht genossen.

Tag 9: Weiter in Richtung Süden

San Francisco ist eine wahnsinnig tolle Stadt und die Weiterfahrt fällt uns eigentlich doch etwas schwer. Hier könnte man es ruhig noch ein paar Tage aushalten und auch das Hotel ist prima für uns als Familie geeignet. Aber das Wetter und die Aussicht auf das, was noch kommt – denn wir sind ja gerade erst am Anfang unserer Rundreise – machen es uns leichter als gedacht. Heute geht es nach Monterey weiter in Richtung Süden. Da wird es langsam wieder wärmer: Eine schöne Aussicht, wenn ich aus dem Fenster sehe und der Himmel wieder einfach nur wolkenverhangen ist. So sieht auch der eigentlich schöne Blick auf die Bay vom Fenster aus nicht wirklich einladend aus.

Doch zunächst müssen wir schnell unsere Siebensachen zusammenpacken und noch frühstücken. Das Frühstück ist hier echt in Ordnung. Das Angebot ist umfangreich und reicht von Rührei über Zerealien bis hin zu Bagels und Toast. Heute steht dann auch der zweite Versuch des Waffelbackens an. Wir bekamen gleich einen Platz für uns fünf und am Waffelautomat stand noch niemand in der Schlange. Nach der Erfahrung am Vortag musste ich das natürlich gleich ausnutzen. Versprochen ist versprochen.

Mich wunderte nun, da ich am Waffelautomaten stand, nicht, warum das gestern so lange gedauert hatte. Ein Backdurchgang dauerte nämlich zweieinhalb Minuten.

Was mich am meisten erstaunte, stand aber auf dem Gerät selbst: Die US-Amerikaner scheinen anscheinend kein Vertrauen in ihre Kinder und Jugendlichen zu haben. Denn dieses Gerät durfte erst ab einem Alter von 16 Jahren betrieben werden! Gut, mit ihren acht Jahren ist unsere Große vielleicht wirklich noch etwas zu klein, doch ich denke, dass man mit 11, 12 Jahren doch durchaus in der Lage ist, dieses Gerät zu bedienen. Gerade auch, wenn ich mir überlege, was man mit 16 Jahren sonst so alles darf. Da stehen das Alter und die Erlaubnis, einen Waffelautomaten bedienen zu dürfen, in keiner Relation.

Natürlich wird so ein Gerät richtig heiß, aber ein Kind lernt schnell und man muss es ihm einfach nur zutrauen. In den USA scheint man hier viel zu vorsichtig und um das Wohl der Kinder und Jugendlichen besorgt zu sein. Man scheint kein Vertrauen zu haben, das hatten wir ja bereits in Chicago gesehen. Überall hingen riesige Sicherheitshinweise und Belehrungen wie auch am Pool im Hotel. Das ist auffällig. Und hängt bestimmt mit den hohen möglichen Schadensersatzforderungen zusammen, die in diesem Land durchaus einklagbar sind, sollte etwas passieren. Eine andere Erklärung habe ich nicht für dieses extreme Absicherungsbedürfnis.

Trotz alledem gab es nun Waffeln, denn ich war ja schon über 16 Jahre alt und durfte das Gerät völlig legal bedienen. Ich machte gleich zwei für die Kleine und auch Nicolas wollte eine haben. Anschließend frühstückten wir, gingen zurück ins Zimmer, wo die Sachen schon abreisebereit gepackt waren, schauten noch einmal alles durch, ob wir auch nirgendwo etwas vergessen oder liegengelassen hatten, insbesondere bei den Kindern, und los ging es. Die Abrechnung an der Rezeption war gleich erledigt. Koffer ins Auto und auf nach Monterey!

Auf dem Weg dorthin lagen drei der großen Internetfirmen, denen wir einen Kurzbesuch abstatten wollten. Wir fuhren deshalb nicht gleich auf den Highway Number One sondern in Richtung Silicon Valley und San José. Für die Kinder war das nicht so interessant, sie waren aber mit ihren Geräten auf dem Rücksitz gut versorgt und nutzten die Fahrtzeit zum Ausruhen und Spielen.

Als erstes stand Google auf dem Programm. Das

war auch von allen Dreien das schönste und am meisten beeindruckende Firmengelände. Es ist riesig groß und schon zu Beginn standen – oder lagen – überall die bekannten bunten Google-Fahrräder herum. Ja, manche wurden einfach lieblos irgendwo hingeworfen. Das wunderte mich doch ein wenig, denn alles sah sehr ordentlich und gepflegt aus, die Mitarbeiter sollen sich hier anscheinend wie zu Hause fühlen. Wahrscheinlich waren das ein paar Touristen, die es nicht besser wussten und denen das gepflegte Gelände egal war. Das Firmenareal und der Bereich mit den bunten Schirmen waren wirklich interessant, schön und sehenswert. Ein Kurzbesuch lohnt sich hier allemal.

Weiter ging es dann zu Facebook, das man lediglich am Firmenschild mit dem erhobenen Daumen erkannte. Gebäude und Gelände selbst waren nur wenig beeindruckend und so fotografierten wir auch lediglich das Schild. Als wir uns dem von hinten vom Parkplatz aus näherten, sahen wir noch das alte Firmenlogo des Vorgängerunternehmens auf der Rückseite. Hier hatte Sun Microsystems zuvor seinen Sitz gehabt. Man hatte also einfach diesen Betonklotz genommen, umgedreht und das Facebook-Logo vorne draufgepinselt. Nicht besonders originell, wie ich fand.

Der nächste Stopp war Apple. Dieses Unternehmen befindet sich in Cupertino und auch hier ist das Firmengelände riesengroß und umfasst viele weitläufig verteilte, einzelne Gebäude. Wir fuhren zum Hauptgebäude: Der Apple Store direkt um die Ecke vom Haupteingang hatte heute allerdings am Sonntag geschlossen. Anders als bei den beiden Vorgängern Google und Facebook verzichtete man bei Apple auf das riesengroße Firmenlogo am Hauptgebäude, es standen lediglich an jeder Einfahrt zu einem Gebäude und zum dazugehörigen Parkplatz kleine Schilder mit dem angebissenen Apfel darauf. Mehr bedarf es hier nicht. Das ist auch eine gewisse Art von Understatement.

So, wir hatten genug gesehen und es ging nun weiter wieder in Richtung Pazifik und Highway Number One. Seit dem Silicon Valley hatte es aufgeklart, der Himmel war blau und die Sonne schien. So ging es auch weiter, als wir den Pazifik entlang fuhren. Erst kurz vor Monterey nahmen die Wolken wieder ein wenig zu. Wir fuhren direkt zu unserem Hotel. Hierbei handelte es sich um ein Hotel mit verschiedenen Lodges. Es lag ganz am Ende des Ortes auf einer Landzunge und der Stil der Anlage war sehr schön. Leider war das Zimmer ein wenig zu klein. Wir hatten ein Zusatzbett bestellt, das aber nicht vorhanden war und auch nicht mehr kommen sollte. So wurde zunächst einmal die Schlafverteilung mit den Kindern ausdiskutiert. Ein Kind konnte ja bei uns in dem riesengroßen Bett mit schlafen. Zwei andere mussten auf das Sofa. Die Unterkunft war allein schon aufgrund des Platzmangels nicht so schön wie in San Francisco. Wir blieben allerdings auch nur eine Nacht, es musste nur noch geklärt werden, in welcher Konstellation wir schlafen würden.

Dieses Thema konnten wir an dieser Stelle noch nicht endgültig klären. Um weitere Diskussionen zu vermeiden, machten wir uns auf den Weg. Das Gepäck ließen wir erst einmal stehen. Wir wollten Mittagspause machen und anschließend hatten wir Karten für das Aquarium hier in Monterey. Zurück im Ort suchten wir mal wieder einen Parkplatz. Uns war klar, dass es in der Nähe des Aquariums eng werden würde. Plan B sah dann vor, wieder ein Stück zurückzufahren. Und wir befanden uns ja auch nicht mehr in San Francisco: Schneller als dort am Tag zuvor fanden wir unseren Parkplatz und der war sogar ziemlich nah am Zentrum des Geschehens dran.

Passenderweise war gerade Mittag und wir wollten nur eine Kleinigkeit essen. Für den Abend hatten wir uns bereits ein nettes Restaurant im Ort ausgesucht und das wollten wir dann später genießen, denn am Vorabend hatten wir ja nach unserem Alcatraz-Abenteuer nichts gegessen. Das war ja der Abend mit der Parkuhr gewesen...

Ein kleines Einkaufszentrum direkt in der Nähe des Aquariums lud ein und da gab es für unsere Zwecke einen passenden American Diner. Ein amerikanisches Fast Food-Restaurant, in dem es Burger, Sandwiches und ähnliches gibt. Das Richtige für eine Kleinigkeit. Unser Sohnemann bestellte seinen x-ten Burger und die Mädels aßen Pommes, während wir Erwachsenen uns mit einem Chicken Sandwich begnügten. Anschließend ging es dann ins Monterey Bay Aquarium, für das wir ebenfalls bereits im Vorfeld die Tickets gekauft hatten. Nachmittags um halb drei war am Eingang nicht viel los, eine nette Frau fragte uns gleich, ob sie ein Foto von uns fünf am Eingang machen solle, was sie dann auch tat. Anschließend gingen wir mit unseren Online-Tickets durch die Schnellabfertigung.

Nun waren wir also in diesem wunderschönen Aquarium, das für Familien und auch Nicht-Familien nur zu empfehlen ist und, wenn man sich an der Westküste befindet, unbedingt einen Besuch wert sein sollte. Liebevoll eingerichtet und ausgestattet, findet man hier mit echtem Meerwasser gefüllte Becken mit den Pflanzen und Tieren aus der Monterey-Bucht. Da schwimmt dann auch mal ein Leopardenhai im Becken herum.

Die Becken waren wunderschön und großzügig angelegt. Zwischendurch konnten verschiedene Attraktionen wie das Füttern der Seelöwen bestaunt werden. Bei diesem Spektakel war uns aber definitiv zu viel los, die Menschen klebten hier in Trauben an den Scheiben, um der Fütterung zuzuschauen.

Das Aquarium ist auf zwei Seiten über zwei Stockwerke aufgeteilt. Man kann eine Runde durch das ganze Gebäude drehen, indem man in einem Flügel anfängt, dann ins Obergeschoss, von dort aus in den anderen Flügel und schließlich auf der anderen Seite ins Erdgeschoss geht.

Zunächst schauten wir uns deshalb die eine Seite mit dem Thema „Ocean Bay" an, die Pazifik-Bucht hier bei Monterey mit allen heimischen Pflanzen und Tieren, und gingen von da aus in den zweiten Stock. Hier fand die Fütterung der Tiere im über die gesamte Gebäudehöhe reichenden Meerwasserbecken statt, die wir uns von oben aus anschauten. Dabei erklärte eine Dame, dass hier alle Mitarbeiter mehr oder weniger ehrenamtlich arbeiten, dass das

Becken mit von draußen aus dem Pazifik hereingepumpten Meerwasser, und zwar mit 2000 Gallonen, das sind etwa 7500 Liter, pro Minute gefüllt wird.

Hier und im weiteren Verlauf gab es immer wieder Ecken für Kinder, wo diese durch Höhlen kriechen und sich mit den Meeresbewohnern und der Fauna und Flora kindgerecht beschäftigten konnten. In diesen Höhlen waren selbst kleinere Aquarien integriert, sodass es nicht nur beim bloßen „Durchkrabbeln" blieb. Alles war sehr schön beschriftet, doch leider für unsere Kids nicht lesbar, da in englischer Sprache. Aber dieses Sprachenproblem glichen wir Erwachsenen immer mit unseren Erklärungen aus.

Wir sahen uns die Pinguine an, die den Mädels am besten gefielen. Nicolas war von allem bisher Gesehenen begeistert, er knipste ein Foto nach dem anderen. Ein weiterer Schwerpunkt des Aquariums sind die Jellys, die Quallen, die es in ganz tollen Becken im Obergeschoss und dann auch nochmal im Erdgeschoss zu bestaunen gab. Von unten und oben konnte man auch hinaus auf eine Terrasse: Hier befand man sich direkt an der Bucht und am Meer und es roch intensiv nach Tang und den anderen für das Meer typischen Gerüchen.

Ein weiterer Höhepunkt war das Becken zum Thema „Leben im Ozean". Man muss sich hierunter ein überdimensionales Becken vorstellen. Der Raum, in dem man steht, ist abgedunkelt, um die im Ozean vorherrschenden Lichtverhältnisse originalgetreu nachzuempfinden. Man steht an einer riesigen Scheibe und blickt bis in die Tiefe des Meeres. Diese Atmosphäre wirkt so beruhigend, sodass man hier trotz der vielen Menschen ein wenig in sich gehen und entspannen kann. Im Becken gleiten Hammerhaie, riesige Thunfische und Schildkröten an einem vorbei. Man fühlt sich, wie wenn man sich selbst tief unter Wasser inmitten all der prächtigen Tiere befindet. Dieses Gefühl hatten auch die Kinder. Am meisten waren sie hier von den Hammerhaien fasziniert.

Im oberen Stock hatten wir den Flügel gewechselt und gingen auf der anderen Seite nach unten, wo es noch weitere Jellys zu bestaunen gab. Auch hier gab wieder verschiedene Attraktionen für Kinder und Erwachsene. So konnte man beispielsweise selbst ein Filmchen drehen, bei dem das Gesicht mit immer anderen Mustern hinterlegt wurde, um die Vielfalt der Jellys nachzuempfinden, die nicht nur unterschiedliche Größen und Farben, sondern auch verschiedene Musterungen haben. Das Ergebnis konnte man sich dann per E-Mail zuschicken lassen.

Jeder von uns Fünf drehte ein solches Filmchen und wir sendeten uns das dann jeweils per E-Mail zu. Diskussionen gab es mal wieder am Souvenirshop mit der Jüngsten, der es das tausendste Kuscheltier angetan hatte. Wir blieben standhaft, denn das tausendste Kuscheltier brauchen wir nun wirklich nicht.

Den Abschluss unseres Besuches hier bildeten die Seelöwen, süße Kerlchen, vier an der Zahl. Die Fütterung war beendet, die Menschentrauben hatten sich wieder verteilt und wir konnten noch einen Blick auf die Tiere werfen. Es war nun halb sechs, seit fast drei Stunden waren wir im Aquarium. Die Zeit verflog wie im Nu und wir haben sie auch gebraucht. Anders als in den Sealive-Aquarien in Deutschland, in denen man sehr schnell durchgegangen ist, benötigt man hier eindeutig mehr Zeit, bis alles gesehen wurde. Zu interessant war einfach alles.

Nun war es aber genug und wir verließen den Ort des Geschehens. Wir schlenderten ein wenig die Straße vom Aquarium am Pier entlang, wo es zig Souvenirgeschäfte gibt. Dann ging es in Richtung des Restaurants, das wir uns auf der Smartphone-App Yelp im Voraus ausgesucht hatten. Yelp haben wir im Übrigen wie schon in San Francisco öfters benutzt, weil diese Internetplattform eine praktische Orientierung nach guten Restaurants an dem Ort, an dem man sich gerade befindet, ist. Über dieses Bewertungsportal erhält man Tipps von anderen Restaurantbesuchern, welche uns bei der Auswahl des passenden Restaurants eigentlich immer sehr geholfen haben.

Bei unserer heutigen Wahl handelte es sich um ein hawaiianisches Restaurant, das Hula. Wir hatten Glück und bekamen von der wieder einmal sehr freundlichen Bedienung gleich einen Tisch für uns. Hier im Hula fiel zum ersten Mal auf, was ich im Hotel ganz kurz auch schon bemerkt hatte. Man spart hier Wasser. Wurde uns in Chicago und auch im 7 Miles in San Francisco noch unaufgefordert ein Pott Wasser mit Eis zu den bestellten Getränken dazugestellt, stand hier ein Schild auf dem Tisch, dass man das hier eben nicht macht, um Wasser zu sparen, weil Wasser in Kalifornien ein knappes Gut ist. O.k., ich dachte bisher, auch San Francisco liegt in Kalifornien... Aber anscheinend gibt es regionale Unterschiede beim Wassermangel.

Nicolas aß erneut einen Burger, der Papa ebenso, die Jüngste wollte nur Pommes und Sophie Nudeln mit Käse. Überall gibt es ja das Kids-Menü und die Kinder hatten immer wieder eine schöne Auswahl. Das hinderte unseren Sohn jedoch nicht daran, bei seiner Wahl standhaft zu bleiben. Ihm hatten es einfach die Burger angetan.

Ich entschied mich für frischen Fisch mit einer Macadamia-Panade und einem Mango-Chutney. Alles war sehr lecker, die Getränke gab es im Refill, was bedeutet, dass man sich sein Getränk für ein und denselben Preis so oft auffüllen kann, wie man möchte.

Katharina begeisterte mit ihrer charmanten Art die zuvorkommende Bedienung: „Oh, is she cute!" „Ist die süß", meinte sie nämlich, als sie uns die Getränke brachte. Gesättigt und mit unserer Wahl zufrieden machten wir uns auf den Weg zum geparkten Auto und zum Hotel. Das war ja direkt am Leuchtturm gelegen und hieß nicht nur Lighthouse Suites and Lodges, sondern befand sich auch in der Lighthouse Avenue.

Und genau diese Lage nutzten wir, um uns nach dem opulenten Mahl noch ein wenig die Beine zu vertreten. Auch die Kinder hatten unserer Meinung nach noch ausreichend Energie, die sie auf diese Weise loswerden konnten. So machten wir also einen Abendspaziergang um den Leuchtturm beziehungsweise um das Leuchthaus, weil der Turm eher wie ein Haus aussah, herum und direkt am Meer entlang. Die Abendstimmung und das Kreischen der Möwen waren einfach nur schön, entspannend und erinnerte mich an den Film „Der Feind in meinem Bett" mit Julia Roberts, den ich vor vielen Jahren sehr gerne geschaut habe. Thematisch hat das zwar nichts mit unserer Reise zu tun, doch sie lebt da in einem Haus an einer Küste recht einsam und die Möwen kreischen im Film genauso wie hier an der Pazifikküste. Daran musste ich sofort denken…

Am Ende der Straße befindet sich ein Golfplatz, der ist um den Leuchtturm herum angelegt. Den umrundeten wir praktisch bei unserem Spaziergang. Die Sonne war schon untergegangen, es dämmerte bereits, was die Abendstimmung noch verstärkte. Trotzdem spielten noch einige Golf und fuhren mit ihren Caddys über den Platz.

Die Kinder hatten viel Spaß und die Bewegung tat uns allen gut. Im Zimmer hätten wir sowieso nicht viel Platz gehabt. Wieder dort zurück, schauen die beiden jüngeren Mäuse noch ein wenig fern, während Sophie und ich nun an unseren Aufzeichnungen arbeiten. Was für den weiteren Verlauf der Nacht ebenfalls wichtig war: In der Zwischenzeit konnte sogar die Schlafsituation geklärt werden. Sophie schläft mit uns im Kingsize-Bett, die beiden anderen auf dem Sofa. Um halb zehn machen wir bei den Sofaschläfern das Licht aus und bei uns eine halbe Stunde später. Sophie schläft bereits in der Mitte unseres Bettes.

Ein weiterer Tag unserer Reise geht zu Ende. Monterey ist letztendlich nur ein Zwischenstopp auf dem Weg nach Los Angeles, aber einer, der sich definitiv gelohnt hat. Das Aquarium war einfach fantastisch und ist auch sehr gut bei den Kindern angekommen. Und auch für uns Erwachsene war dieser Besuch sehr beeindruckend. Nach San Francisco ist Monterey eher ein verschlafenes Städtchen mit kreischenden Möwen über der Bucht des Pazifiks. Ein wunderbares Urlaubsgefühl!

Aus Sophies Tagebuch...

Am neunten Tag haben wir noch einmal in San Francisco gefrühstückt. Wir sind dann nach Monterey gefahren. In Monterey angekommen, haben meine Geschwister erst mal um den Schlafplatz gestritten. Trotz dass wir uns nicht einigen konnten, sind wir Mittagessen gegangen.

Danach wollten wir in ein Aquarium, das genau gegenüber ist. Wir sind dann ins Aquarium. Das Aquarium war toll, vor allem fand ich die Pinguine lustig. Nach dem Aquarium sind wir Essen gegangen. Danach sind wir ins Hotel und ins Bett.

Tag 10: Wo die Reise uns hinführt

Nach einer nur mäßigen Nacht mit Sophie in der Mitte, die wir um halb neun aus dem Bett werfen mussten, packen wir am Morgen schnell unsere Dinge zusammen. Viel zu tun gibt es nicht, weil wir für die eine Nacht uns erst gar nicht groß ausgebreitet haben. Unser Leben aus dem Koffer klappt bisher und auch heute wieder perfekt, ich empfinde es weder als unangenehm noch als anstrengend. Alles ist gut organisiert, ich habe den Überblick und das Regiment über den Kofferinhalt. Das ist auch wichtig, denn wenn viele Personen in den Sachen wühlen, hat keiner mehr eine Ahnung, wo etwas zu finden ist. Das klappt also bisher hervorragend. Mal sehen, was uns dieser neue Reisetag bringen wird...

Wir gingen zum Frühstück. Weil wir so spät dran waren, mussten wir warten, denn alle Plätze im Frühstücksraum waren besetzt. Das nervte ein wenig, denn wir wollten ja weiterfahren. Für die heutige Strecke nach Pismo Beach dauerte die reine Fahrtzeit über drei Stunden. Das Warten auf das Frühstück lohnte sich aber. Die Besonderheit war nämlich, dass es kein Büfett gab. Man bestellte das Frühstück aus einer reichhaltigen Auswahl auf der Karte, also à la Carte sozusagen. Die Kinder begnügten sich mit einem Continental-Frühstück. Das umfasste ihre normale, alltägliche Müsli-Portion und Bagels. Ich entschied mich für ein leckeres und sättigendes Omelett, Papa wählte French Toast.

Der Frühstücksraum war kein Saal, eher ein großes Wohnzimmer. Das Hotel legt Wert auf eine familiäre Atmosphäre und schafft das somit auch. Das Frühstück war sehr lecker. Beim Hinausgehen bekam der Papa dann auch noch ein Lob für uns. Ein anderer Herr meinte zu ihm: „You have a wonderful family." „Sie haben eine tolle Familie". Das freut einen doch! Die Kinder sind aber wirklich grandios und verhalten sich äußerst diszipliniert. Und bedienen sich eben auch schon am Tisch, auf dem die Zutaten für ihr Continental-Frühstück stehen, ohne dabei aufzufallen. Das ist ein großer Vorteil, gerade, wenn man sich auf einer solchen Rundreise befindet.

Nach dem Frühstück fuhren wir dann los, wir wollten unbedingt weiter zu unserem nächsten Ziel. Aber zunächst fand hier noch unsere Premiere an einer amerikanischen Tankstelle statt. Für 40 Dollar in bar füllten wir das Auto erst einmal auf. Bei einer Kreditkarte musste man hier nämlich die Postleitzahl eingeben, was mit der europäischen beziehungsweise deutschen aber logischerweise nicht funktionierte, da das System nur amerikanische Postleitzahlen akzeptiert. Drinnen ließen wir uns deshalb vorab eine Füllung im Wert von 40 Dollar autorisieren. Wir hatten keine Ahnung, wie viel das war, aber es war in Ordnung und reichte fürs Erste. Nun hatten wir diesbezüglich zumindest mal eine Ahnung und ein Maß.

In einem Supermarkt deckten wir uns noch mit Getränken und unserem Bedarf für die Mittagspause ein. Wir hatten uns entschieden, mittags nicht mehr in einem Diner zu essen, sondern lieber etwas für unterwegs mitzunehmen. Die Verkäuferin hier war auch wieder sehr freundlich, packte unsere Sachen in eine Tüte und wünschte uns einen schönen Tag. Den sollten wir haben.

Wir verließen Monterey und der anfangs noch bewölkte Himmel klarte bei unserer Abreise ein wenig auf. Die morgendliche Außentemperatur betrug so etwa 20 Grad. Das sollte sich ab jetzt auf unserer Reise allerdings ändern. Am Highway Number One ging es nun unaufhaltsam am Pazifik entlang in Richtung Süden und in wärmere Regionen. Wir sahen sehr viele herrliche Ecken von diesem wohl schönsten Highway-Abschnitt und hielten mehrmals an für Fotos. Die Kinder blieben allerdings sitzen und ruhten sich mit iPod-Unterstützung wieder ein wenig aus. Sie schauten ab und zu bei Interesse selbst aus dem Fenster. Wir forderten sie allerdings nicht extra dazu auf, denn schließlich weiß man aus eigener Erfahrung, dass das als Kind nicht so interessant und eher langweilig ist. Ein Teil der Reise war ja auch für uns Erwachsene gedacht und da gehört gerade die Fahrt auf dem Highway definitiv dazu. Wir haben zwar sehr viel für die Kinder eingeplant und auf sie abgestimmt, doch die Fahrten konnten sie ruhig als Pause nutzen. Zu sehen gab es ja auch so genug.

Noch bevor wir unseren ersten Stopp einlegen wollten, mussten aber auch die Kinder aus dem Fenster schauen, denn ich hatte Wale entdeckt! Wale auf offener See in Landnähe, das war für uns das erste Mal und niemand hatte uns garantieren können, dass wir das erleben durften. In den Orten an der Küste wie auch in Monterey werden ja extra Walfahrten mit dem Boot angeboten. Für diesen Ausblick mussten wir nichts bezahlen und hielten bei nächster Gelegenheit an, um das schöne Naturschauspiel ein wenig zu beobachten. Wir sahen, wie die Tiere oben die Wasserfontänen in Richtung Himmel spritzten, so nahe waren sie. Das war wirklich etwas Besonderes!

Unser erster geplanter Stopp folgte im Pfeifer Burns

Nationalpark am legendären Strand mit Wasserfall. Nicht zu verwechseln mit dem Pfeiffer Big Sur State Park, durch den wir kurz zuvor durchgefahren waren. An diesem schönen Fleckchen Erde hatte sich Ende der 1870er Jahre Christopher McWay, ein Pionier aus dem Staat New York, niedergelassen und eine Saddle Rock Ranch genannte Farm aufgebaut. Die Ranch wurde in den 1930er Jahren von dem ehemaligen New Yorker Kongressabgeordneten Lathrop Brown gekauft, der für sich und seine Frau oberhalb des Wasserfalls ein großzügiges Anwesen errichtete. Seine Frau, Helen Hooper Brown, war mit Julia Pfeiffer Burns befreundet, die einer seit 1869 in Big Sur ansässigen Pionierfamilie entstammte. Nach ihrem Tod ging 1962 der gesamte Landbesitz von Helen Hooper Brown an den Staat über mit der Auflage, in dem Gebiet einen State Park zu errichten und nach Julia Pfeiffer Burns zu benennen. Nach Errichtung des State Parks wurde das Anwesen der Browns 1965 fast vollständig abgerissen, um das Grundstück wieder der Natur zurückzugeben.

Hier parkten wir am Straßenrand. Wider Erwarten war es hier keinesfalls überlaufen. Es war nicht menschenleer, aber die Menschenansammlung, die wir eigentlich erwartet hatten, blieb aus. Über einen schmalen Sandweg wanderten wir ein kurzes Stück unterhalb der Straße oberhalb des Strands, um einen Blick auf dieses Idyll zu werfen. Wir sahen auch die restlichen Grundmauern des ehemaligen Anwesens am Ende des schmalen Pfades. Eine herrliche, wunderschöne Lage, doch abseits und vom Leben und Rest der Welt gänzlich abgeschnitten. Schon unterwegs sind uns immer wieder einzelne Häuser an den Klippen und Hängen am Meer aufgefallen. Auch hier sind wir meilenweit von der nächsten Ortschaft entfernt. Wie kann man nur so abgeschieden leben? Das ist für uns einfach nicht vorstellbar, trotz des Idylls.

Und ein Idyll ist es in der Tat hier. Die US-Amerikaner erklären einen solchen Fleck Erde zum Naturschutzgebiet und keiner darf in diesem Fall des Pfeifer Burns Nationalparks den Bereich betreten. Dieses Stückchen Erde, der Strand mit dem herrlichen Wasserfall, ist somit für Menschen tabu, was gut ist, denn sonst würde es auch nicht mehr so idyllisch aussehen.

Ein weiterer Widerspruch der amerikanischen Lebensweise ist dies allerdings schon, denn an einigen Stellen geht man mit der Natur alles andere als einfühlsam um und an anderen ist man so strikt und verbietet jeglichen Zutritt. Verschwendung auf der einen und absoluter Schutz und Restriktion auf der anderen Seite. Ein Land voller Widersprüche, die immer wieder auftauchen und die wir schon beim Thema „Umgang mit Ressourcen" wie beispielsweise beim Thema Wasser beobachten konnten.

Kurz vor Hearst Castle haben wir unseren zweiten Stopp bei den See-Elefanten geplant. Faul lag eine ganze Horde im Sand am Meer und ließ sich fotografieren. Das sind riesige Tiere, die sich hier an dieser Stelle der Küste niedergelassen hatten. Da Mittagszeit war, legten wir unsere Mittagspause ein und verspeisten auf dem Parkplatz bei den See-Elefanten unser Picknick mit Sandwiches, Würstchen, Bonbel-Käse und als Nachttisch Sophies Lieblings-Cookies, das wir in Monterey im Supermarkt eingekauft hatten.

Hearst Castle, das zu unserer Linken auf einem Hügel lag, ließen wir eben dort liegen. Hierzu muss man nämlich erst das Auto auf einem speziellen Parkplatz abstellen und dann wird man mit einem Shuttlebus zum Castle hochgefahren. Dazu hatten wir keine Lust. Natur und die Gegend waren uns wichtiger und auch die Kinder hätten davon nichts gehabt. Wir wollten weiter, es war nicht mehr weit bis zu unserem Ziel Pismo Beach.

Vorbei an San Simeon und Morro Bay durch eine

sehr abwechslungsreiche Landschaft führte uns der Highway noch etwa eine Stunde weiter gen Süden. Den interessantesten Abschnitt hatten wir definitiv hinter uns gelassen. Die Landschaft wurde nun wieder flacher. War nach Monterey eher die Gemüseecke Kaliforniens angesiedelt, folgte anschließend der bewaldete Nationalpark mit einer steilen Felsküste. Nun war es wieder eben und auch wieder bewohnter.

Durch Morro Bay fuhren wir nur durch, bewunderten dabei allerdings den Blick auf den riesengroßen Felsen, der hier am breiten Sandstrand weit in die Höhe aus dem Meer ragt. Hier sahen wir auch die ersten Badenden im Pazifik. Bei unserer ursprünglichen Reiseplanung hatten wir zunächst eine Unterkunft genau hier in Morro Bay gesucht. Fündig sind wir allerdings nicht geworden und genau das sollte sich später noch als Glücksfall herausstellen.

Passend zu dieser Fahrt durch diese schöne Gegend von Kalifornien hörten wir Bon Jovi. Katharina fing dann irgendwann mit der obligatorischen Kinder-Frage „Wann sind wir endlich da?" an. Das Navi meldete einmal „In 300 Yards rechts abbiegen." und sie sagte daraufhin: „300 Jahre? Was quatscht die Tante da?" Dann machte sie auch noch ihre Späße mit Papas Sonnenbrille: „Du siehst so voll komisch aus!" So verging aber auch die restliche Stunde Fahrtzeit und wir kamen kurz nach drei Uhr in Pismo Beach an. Das Hotel war gleich hinter dem Highway.

Nicolas hatte heute während der Fahrt ein wenig Bauchweh und ihm war komisch. Er wurde deshalb auch mit der obligatorischen Spucktüte versorgt, mit der wir bei Autofahrten seit einem Zwischenfall in jüngster Vergangenheit immer ausgestattet sind. Heute ging es auch die meiste Zeit sehr kurvig auf dem Highway entlang. Wenn die Kinder während der Fahrt auf ihren Geräten spielen und draußen die Landschaft vorbeischießt, kann das auch durchaus einmal passieren. Man muss nur entsprechend vorbereitet sein.

Doch ohne Zwischenfall kamen wir also in Pismo Beach an. Und das Hotel war schlichtweg der Hammer! Es lag direkt am Strand auf einer Felsklippe und man hatte einen grandiosen Blick auf den Pazifik. Unser Papa hatte es geschafft und ein kostenloses Upgrade auf das Zimmer hinbekommen. Wir hatten nun ein Zimmer mit Pazifik-Blick. Ein kleiner Balkon draußen, wo wir abends noch ganz gemütlich sitzen konnten, rundete das Ganze ab. Somit erwies sich unsere Entscheidung für eine Unterkunft in Pismo Beach statt in Morro Bay nun also tatsächlich als wahrer Glücksgriff. Denn ein Hotel in einer solchen Lage gibt es dort nicht.

Wir luden als erstes das Auto aus, machten es uns ein wenig im Zimmer gemütlich, obwohl wir ja auch nur eine Nacht blieben, und dann erkundeten wir zunächst die Anlage. Schon die Suite, also unsere beiden Zimmer, war liebevoll und gemütlich eingerichtet. Überall standen kleine Leuchttürme, blauweiß gestreifte Utensilien, wir hatten zwei Bäder und ein Zimmer mit zwei großen Betten und ein Zimmer mit einem riesengroßen Bett. Das Hotel war wieder eine Suitenanlage und alle anderen Anlagen und Hotels hier waren keine Betonbunker, sondern schöne, niedrig gehaltene Gebäude direkt oberhalb vom Strand auf diesem Felsplateau.

Im Innenhof zwischen den einzelnen Gebäuden unseres Hotels gab es ein großes Outdoor-Schachfeld, das unser Spezialist im Schachspiel, Nicolas, gleich entdeckte. Jegliches Bauchweh und ähnliches waren verschwunden. Wir inspizierten noch den Pool, bei dem ebenfalls der Blick auf den Pazifik inklusive war. Dann gingen wir um das Gebäude herum in Richtung Strand entlang. Dazu mussten wir noch durch drei weitere Gärten von anderen Anlagen gehen, bevor wir an eine steile Treppe gelangten, die hinunter zum Strand führte. Und nun stand ich das erste Mal auf einem Pazifik-Strand! Unmittelbar danach war gleich der Pazifik und die Wellen rauschten! Wow! Was für ein Gefühl!

Sophie sammelte sofort ein paar riesengroße Muscheln, die es in dieser Größe auf Korsika, wo wir die letzten Jahre unseren Urlaub verbracht hatten, so nicht gegeben hatte. Die Brandung war allerdings ziemlich heftig und das Wasser hier an dieser Stelle des Pazifiks noch sehr kalt. Selbst für meine Verhältnisse und ich gehe schon auch in recht kühles Wasser. Mein erstes Bad im Pazifik hob ich mir also lieber für San Diego auf, wo der Pazifik um einiges wärmer ist.

Wir verließen den Strand, beendeten unsere erste Inspektion und gingen wieder zurück zum Hotel, wo wir es uns am Pool gemütlich machten. Dort tobten die Kinder und wir gingen auch kurz ins Wasser und ruhten uns im Anschluss daran einfach ein wenig aus. Hier konnte man wunderbar entspannen und im Nachhinein dachten wir uns, dass man hier auch einen Stopp von zwei Tagen hätte einplanen können, um einfach eine Pause einzulegen. Doch so genossen wir wenigstens die eine Übernachtung an diesem herrlichen Fleckchen Erde.

Gegen 18:00 Uhr fuhren wir dann in den kleinen

Ort, um zum Abendessen zu gehen. Wir fanden ein nettes Restaurant: Wir Erwachsenen speisten leckere Garnelenspieße zu Abend, die Kinder etwas von der Kinderkarte. Anschließend fuhren wir wieder zurück ins Hotel. Unsere Drei spielten noch ein wenig Schach und Tischtennis und wir setzten uns gemütlich auf den Balkon und beobachteten den Sonnenuntergang.

So ließen wir diesen Tag ganz gemütlich und entspannt ausklingen. Einen Tag, der ganz unter dem Motto des Meeres stand. Unendliche Weite, Meer und Meer und nichts als das Meer. Der Pazifik lag die meiste Zeit blau vor uns und der Himmel strahlte ebenfalls in einem wunderschönen Blau. Nun sind wir tatsächlich im Sunshine State und hier hält diese Bezeichnung wirklich, was sie verspricht!

Unter dem auch in Pismo Beach wie bereits am Abend zuvor in Monterey auffälligen Kreischen der Möwen und dem Rauschen des Meeres klingt der Tag langsam aus. Ein Tag, an dem wir wirklich viel gesehen haben. Alles war eigentlich ganz gemütlich und entspannt. Das bisschen Wehmut, diesen Ort am nächsten Morgen wieder verlassen zu müssen – hier hätten wir gut und gerne noch einen weiteren Tag die Seele baumeln lassen können – wird allerdings durch die Aussicht gemindert, dass es am nächsten Tag nach Los Angeles geht. Ein weiterer Höhepunkt unserer Reise.

Aus Sophies Tagebuch...

Am zehnten Tag haben wir gefrühstückt und sind mit dem Auto nach Pismo Beach gefahren. Unterwegs haben wir Wale gesehen und einen Wasserfall auch. Zum Schluss haben wir See-Elefanten gesehen. Im Hotel angekommen, sind wir erst mal in den Pool. Dort waren wir dann bis zum Abend. Am Abend sind wir Essen gegangen.

Tag 11: Unser Ziel heute: Los Angeles

Wir wachen nach einer guten Nacht, in der wir alle fünf tief und fest geschlafen hatten, mit Blick auf den Pazifik und dem Rauschen des Meeres im Ohr auf. Spätestens jetzt habe ich jegliches Zeitgefühl verloren, doch das ist vollkommen egal. Es spielt keine Rolle, welchen Tag wir heute haben. Zu Hause, der Alltag – das ist alles so weit weg. Stress – was ist das? Das interessiert uns nicht, denn heute geht es weiter nach L.A. Für die Kinder ist das Wichtigste bei unserer Etappe der geplante Zwischenstopp im Premier Outlet in Camarillo und dem sich dort befindlichen Disney Store. Davon sprachen sie schon seit dem Besuch im Outlet bei Chicago und heute ist nun endlich der Tag gekommen.

Doch zunächst sitze ich noch ein wenig im Bett und genieße die Aussicht auf das Meer und lausche dem Rauschen der Wellen und dem Kreischen der Möwen. Aber jetzt klappe ich den Laptop zu, denn wir wollen uns gleich anziehen, erneut alles packen und anschließend zum Frühstück gehen.

Das nahmen wir auf der Veranda ein. Der Blick auf den Pazifik war genial, das Frühstück im Vergleich zu den beiden vorherigen in San Francisco und Monterey aber eher mau. Eine ganze Woche könnten wir uns so nicht ernähren. Doch für heute war es noch okay und kein Problem. Es gab die üblichen Zerealien, Eier und Bagels mit Frischkäse oder Marmelade und Waffeln. Das war es dann auch schon.

Auffällig waren hier wieder die Bemühungen, Wasser zu sparen. Statt Teller und normales Besteck und Geschirr, das man ja abspülen beziehungsweise in der Spülmaschine mit Wasser reinigen muss, gab es Pappteller, -becher und Plastikbesteck. So spart man zwar Wasser, produziert gleichzeitig aber jede Menge Müll. Diese Logik habe ich nicht verstanden, zumal sich mit diesem müllproduzierenden Möchtegern-Geschirr und -Besteck einfach kein wahres Essgefühl einzustellen vermag. Zumindest bei uns nicht. Vielmehr ist es wie bei einem Picknick auf der grünen Wiese oder am Strand. Doch dafür saßen wir auf der Veranda und genossen während des Frühstücks den Pazifik-Blick...

Den Kindern war das alles egal, sie wurden satt und Nicolas und Katharina aßen jeweils sogar zwei Eier. Anschließend wollten sie sofort wieder zum Schachspiel. „Wir wollen hier wieder her, hier gefällt es uns!" war ihre einhellige Meinung. Wir hatten also gut gewählt, Pismo Beach und das Lighthouse Suite Hotel direkt am Pazifik ist für Familien nur zu empfehlen. Ja, es hieß fast genauso wie das Hotel in Monterey! Was für ein Zufall!

Nach dem Frühstück checkten wir dann aus und gaben unsere drei Postkarten auf, die wir zu Beginn unserer Rundreise in San Francisco gekauft hatten. Briefmarken gab es nämlich hier und das Hotel übernahm alles Weitere. Wir schreiben normalerweise ja im Zeitalter der elektronischen Kommunikationsmöglichkeiten keine Postkarten mehr, doch diese drei an die Familie zu Hause mussten einfach sein. Die Kinder hatten in San Francisco ja auch welche gekauft, mal schauen, ob sie die noch schreiben und abschicken wollen und werden!

Los geht es auf dem Weg in Richtung Los Angeles! Die erste Etappe führt uns durch das hügelige Hinterland. Es gibt hier nicht viel zu sehen, Gemüsefelder und einzelne Weinreben dominieren hier landschaftlich. Ich nutze also die Zeit ein wenig, um das seit dem Morgen Erlebte aufzuschreiben.

Gegen zehn Uhr kamen wir an unserem ersten geplanten Stopp in Santa Barbara an. Das ist eine der reichsten Städte der USA und das sah man auch. Hier wohnen die Reichen in großen, vornehmen Häusern oder gar Villen, die überall die Straße entlang stehen. Über die Mission Street fuhren wir zunächst zur Mission, einer alten Klosteranlage im typischen spanischen Baustil von Santa Barbara: Weiß getünchte Häuser mit roten Dächern sind hier dominierend. Wir schauten uns die Mission von außen an, die gesamte Besichtigung ließen wir allerdings aus. Das hätte Eintritt und Zeit gekostet und das war es uns nicht wert.

Weiter ging es in Richtung Gerichtsgebäude im Inneren der Stadt. Wir fuhren durch weitere wunderschöne, sehr gepflegte Wohngegenden, bis wir direkt ans Gerichtsgebäude kamen, wo wir auch parkten. Das Gebäude ist im selben Stil wie auch die Mission gebaut und sehr imposant. Wir gingen in den „Innenhof" durch das mächtige Tor hindurch und machten von da aus eine Runde um den Block. Die Sonne strahlte vom blauen Himmel und es war so richtig schön warm! Sommer eben! Sommer im Sunshine State. Und dieses Wetter würde nun definitiv so bleiben und gegen Ende sogar noch wärmer werden.

Das Besondere an Santa Barbara wird allein schon durch die einzigartige und besondere Schrift der Straßennamen und anderer Hinweisschilder deutlich. Die Schrift ist überall gleich und sticht sofort aufgrund der Unverwechselbarkeit ins Auge und macht diese Stadt zu etwas Besonderem und für mich unvergesslich.

Die Kinder interessierten sich nicht für Santa Barbara, sie hatten nur ihr eigenes Ziel vor Augen, was aber klar war. Das erreichten wir dann auch etwa eineinhalb Stunden später. Am Outlet angekommen, gingen wir als Allererstes in den Disney Store, um anschließend in Ruhe und ohne Quengeln selbst noch etwas shoppen zu können. Dieses Outlet ist mal etwas anderes, denn es ist kein geschlossenes, hochklimatisiertes Outlet, sondern alle Geschäfte erstrecken sich auf einem riesengroßen Areal im Freien.

Hier machten wir auch kurz Mittag und fuhren ziemlich bepackt und um etwas Geld erleichtert weiter. Über Malibu und Santa Monica näherten wir uns dem Moloch Los Angeles. Die kahlen Hügel rund um die Millionenstadt tauchten allmählich auf. Malibu selbst ist eine Anreihung wohlhabender Häuser, zum Teil direkt am oder oberhalb vom Strand. Öffentliche Straßen enden teilweise abrupt an einem Tor. Hier steht dann „Private" und das war es dann, weiter kommt man hier nicht. Auch ganze Strandabschnitte sind einfach privat, man sieht von der Straße aus aber auch öffentliche Strände mit den typischen Bademeisterhäusern, die man aus „Baywatch" kennt. Wir fuhren hier einfach nur durch.

Je näher wir L.A. kamen, umso mehr nahm der Verkehr zu. Die Strände wurden voller, viele Menschen badeten und surften im Meer. Durch Santa Monica am bekannten Vergnügungspier vorbei ging es auf den Highway in Richtung East L.A. – im Schritttempo, der üblichen Geschwindigkeit auf den Straßen von Los Angeles. Es dauerte dann noch etwa eine halbe Stunde und wir kamen in unserem Hotel, dem Best Western am Sunset Boulevard direkt am Fuße der Hügel in Westhollywood an. Vom Sunset Boulevard aus hat man einen herrlichen Blick auf L.A. und Downtown, zumindest konnte ich diesen Blick kurz erhaschen. In den Hügeln selbst befinden sich die Häuser der Reichen und Berühmten.

Wir checkten ein in dem Hotel, in dem wir nun die nächsten zwei Nächte verbringen würden. Da es bereits fünf Uhr war, hatten wir nicht mehr besonders viel Lust, jetzt noch groß etwas zu unternehmen. Wir heben uns das lieber für den nächsten Tag auf, denn lange genug unterwegs waren wir heute ja auch schon.

Hier hatten wir ein großes Schlafzimmer mit zwei Queensize Betten, in dem wir bequem zu fünft schlafen konnten: die Kinder in dem einen und die

Erwachsenen in dem anderen Bett. Die Bettenfrage wäre geklärt. Außerdem hatten wir noch ein großes Wohnzimmer, das vom Schlafzimmer abgetrennt war. Hier konnten wir uns abends noch aufhalten, wenn die Kinder schliefen. Auch hier ließ es sich also aushalten!

Als Erstes war der Pool dran, die Kinder konnten sich nach diesem Tag hier noch etwas austoben. Er war ein wenig größer und vor allem tiefer als der Pool in Pismo Beach. Ein Glück, dass Katharina noch zu Hause schwimmen gelernt hatte. Am Tag zuvor in Pismo Beach schwamm sie sogar ein ganzes Stück ohne Pause und hatte endlich Gefallen am Tauchen gefunden! Und auch hier schwamm und tauchte sie wieder. Sophie tauchte auch die meiste Zeit und Nicolas verfolgte in jedem Pool rigoros das Ziel, bis zum Boden zu tauchen.

Die Kinder hatten so richtig Spaß und auch wir Erwachsenen kühlten uns kurz ab. Wir blieben ein wenig hier und gingen dann wieder aufs Zimmer, da es am Pool nun schattig und etwas frisch wurde. Nebenbei bemerkt hingen auch hier wieder dieselben überdimensionalen Warnschilder, wie wir sie an allen anderen Pools bereits gesehen hatten.

Auf dem Zimmer packten die Kinder zunächst ihre

Errungenschaften aus dem Disney Store begeistert aus und spielten. Auch hierfür musste Zeit sein. Und die nahmen wir uns, weil wir sie hatten. Und dann ging es los. Zuerst ein wenig die Beine vertreten auf dem Sunset Boulevard mitten in Beverly Hills. Mein Gott, ich war gerade wirklich mitten drin, da wo das Leben pulsierte. Überall hingen riesige Plakatwände mit Filmansagen und Modemachern. Vom beschaulichen Pismo Beach gestern Abend bis heute in L.A. sind es Meilen und Welten, die uns trennten. Das war wirklich eine gänzlich andere Welt, ein immenser Gegensatz, wie er größer fast nicht sein konnte, und genau das Gefühl hatte man hier. Fernab der Heimat und der Realität.

Die Kinder waren dazu heute schon zu müde, sie haben ihre Energie wohl im Disney Store und Pool verbraucht. Und sie begriffen auch nicht unsere diesmal selbst aus europäischer Perspektive begründete Überbehütung, doch schließlich waren wir in L.A. und hier ticken manche Menschen anders... Vielleicht habe ich auch zu viele Folgen der Serie „24" geschaut, ich lief hier aber lieber mit den Kindern an der Hand durch die Straßen von Beverly Hills, als sie alleine gehen zu lassen. Zu viele dubiose Gestalten liefen herum und der Verkehr auf den Straßen ist enorm. Man hört das Rauschen der vielen Fahrzeuge gar nicht mehr. Was auffällt, ist, dass eigentlich nicht gehupt wird. Der einzige, aus dem monotonen Verkehrsrauschen herausstechende Ton sind die ständig zu hörenden Sirenen von Polizei, Krankenwagen und Feuerwehr.

Wir gingen letztendlich in das Restaurant schräg gegenüber vom Hotel und landeten mit dieser Entscheidung in einer erneut völlig anderen Welt. Es war ein Rodeo-Steak-House, hier konnte man sogar auf einem Kunstbullen reiten und sein Glück versuchen. Das taten wir natürlich nicht, schließlich hatten wir die Kinder dabei. Die wurden mit Malsachen und Stiften versorgt und anschließend wurden wir an unseren Tisch geleitet.

Sogleich kam die für uns heute Abend zuständige, junge Kellnerin. Es fiel extrem auf, wie sich die jungen Frauen herausputzten, auch hier im Lokal liefen sie teilweise stark geschminkt, Sophie würde sagen „aufgemotzt", durch die Gegend. Unsere Bedienung war dennoch völlig normal und leger und überaus freundlich. Sie sprühte nahezu vor guter Laune, die gleich ansteckend war. Im Grunde überredete sie uns somit zu Dingen, die wir bestellten, was wir wahrscheinlich normalerweise so nicht getan hätten.

Dieser Restaurantbesuch war in der Tat verrückt,

„crazy", man wurde wahrlich von der Los Angeles-Welle mitgerissen. Die Portionen waren bombastisch und das erklärte auch das Schild über der Küche: Rechts ging es demnach nach Texas, links nach Kansas und unten mitten durch in die Hölle!

Wir bestellten Nachos als Vorspeise, allein davon hätte eine Fußballmannschaft satt werden können. Leider war Sophie schon viel zu müde und konnte das gar nicht mehr richtig genießen. Vor allem für sie hatten wir das ja bestellt. Zwischen unserem Drink, den wir zusammen mit zwei Röhrchen aus einem Litergefäß tranken und Spareribs – all you can eat – ging ich einmal mit Katharina auf die Toilette. Auch ein besonderes Vergnügen, denn hier trafen sich besonders geringfügig bekleidete Damen und unterhielten sich, während das Smartphone und Getränk der einen gefährlich nahe am Waschbecken stand. Ich musste erst dezent darauf hinweisen, denn andernfalls wären die Sachen vom Trocknergebläse von dannen geweht worden.

Zu einer Nachspeise konnte uns unsere freundliche, zuständige Bedienung wahrlich nicht mehr überreden. Dafür gab es einen Cherry Tree: Das ist ein riesiger Berg rosaroter Zuckerwatte. Mein Gott, das ist L.A., das ist Amerika. Ich will mich gar nicht auf die Waage stellen, denn in diesem Urlaub nehme ich mit Sicherheit zu. Sophie, die zuvor fast am Einschlafen war, strahlte auf einmal wieder und schlug beim Cherry Tree zu. Nicolas verweigerte, da er erst vor Kurzem zu viel Zuckerwatte konsumiert hatte und sich noch an die Folgen erinnern konnte.

Wir schafften den Kirschbaum aus Zuckerwatte trotzdem nicht, beobachteten noch ein paar Damen, die sich auf dem elektrischen Bullen bewährten und bezahlten dann. Auf dem Kassenbon befand sich ein lustiges von unserer zuständigen Kellnerin aufgemaltes Gesicht mit den Worten „Thank you!". Wahnsinn! Sie bekam dafür und für den tollen Service ein gutes Trinkgeld und wir gingen. Wieder einmal mussten wir an den deutschen Servicegedanken denken. Das wäre zu Hause in dieser Form einfach undenkbar!

Wir hatten es ja nicht weit bis ins Hotel, wo wir müde ins Zimmer einfielen. Die Kinder gingen sofort ins Bett, denn am nächsten Tag stand L.A. eigentlich erst so richtig an. Heute hatten wir noch so gut wie gar nichts gesehen und waren trotzdem schon mitten drin im Leben von Hollywood.

Ich bin hier, hier in Los Angeles. Die Stadt ist ein weiterer Höhepunkt unserer Rundreise. Hier ist alles ganz anders und mit keinem anderen Fleck vergleichbar. Gespannt auf das, was uns am kommenden Tag erwartet, gehen auch wir nicht zu spät ins Bett. Draußen hört man immer wieder die Polizeisirenen. Ja, wir sind in L.A.

Aus Sophies Tagebuch...

Am elften Tag haben wir gefrühstückt und sind mit dem Auto nach Los Angeles gefahren. In Los Angeles angekommen, sind wir erst mal in den Pool. Nach dem Pool sind wir zum Abendessen gegangen. Die Dame da hat uns zum Schluss Zuckerwatte gebracht, die haben wir gegessen. Das nennen sie hier übrigens Kirschbaum. Danach sind wir ins Hotel und ins Bett.

Tag 12: Eine Reise durch Los Angeles

Obwohl wir mitten in Beverly Hills in L.A. waren, war die Nacht eher mäßig. Da wir die Klimaanlage ausgeschaltet hatten – wir wären ansonsten wahrscheinlich erfroren – wurde es mit fünf schlafenden Personen im Raum dann doch rasch sehr warm. Das Bett war zwar bequem, dennoch wachte ich mehrmals auf. Entweder, weil mir zu warm war oder weil wieder ein Polizeiauto lautstark irgendwo durch die Straßen raste. Morgens wachte ich dann etwas gerädert um halb acht auf. Heute begrüßte mich nicht das Rauschen des Meeres wie noch am Tag zuvor, sondern das Rauschen des Verkehrs in dieser überdimensionierten Stadt.

Der Papa lief ganz nach seinem Vorsatz seine am Tag zuvor im Outlet in Camarillo im Nike-Store erworbenen Laufschuhe im Fitnessraum ein und ich benötigte erst einmal eine Kopfwehtablette. Wie gewohnt war auch Nicolas wieder früh wach, doch heute stand auch überraschenderweise Sophie mit ihm auf. Ihr Teddy war aus dem Bett gefallen und ohne ihn kann sie nicht schlafen. Nach dem üblichen Prozedere – waschen, anziehen – war wieder Frühstück angesagt. Ähnlich wie gestern in Pismo Beach werden hier dieselben Wassersparmaßnahmen in

Form von Plastikgeschirr und -besteck getroffen. Das Büfett war zwar größer, doch heute, zur Mitte unseres Urlaubs hin, wird es langsam aber sicher auch ein wenig eintönig: jeden Morgen Toast, Speck, Eier, Zerealien... Außerdem haben wir alle nicht mehr so viel Hunger. Schon gar nicht nach dem opulenten Mahl am Abend zuvor – da fällt mir nämlich sofort wieder der Kirschbaum am Schluss ein...

Wir warteten noch die Rushhour ab und die Kinder konnten sich in dieser Zeit ein wenig mit ihren Spielsachen beschäftigen. Um zehn Uhr starteten wir unsere Tour durch L.A. Der Verkehr hatte sich nun einigermaßen beruhigt und wir fuhren zunächst hinunter nach Venice Beach. Hier tobte in der Regel ab dem Nachmittag das Leben, somit war für uns der Vormittag die bessere Option. Wieder ging es den La Cienega Boulevard hinunter, den wir am Tag zuvor schon hochgefahren waren. Hollywood und natürlich auch West Hollywood, wo sich unser Best Western Hotel befand, lag nämlich am Hügel und etwas erhaben über dem Moloch L.A. Anders wie am Nachmittag zuvor kamen wir für L.A.-Verhältnisse recht zügig voran und waren bald im Viertel Venice.

Zum Glück gab es hier noch massig Parkplätze, es ist eben Vormittag. Für zehn Dollar stand das Auto gut geparkt im strandnahen Parkhaus. Wir gingen ein wenig die Venice Beach Promenade entlang, die ich aber weniger interessant fand. Souvenirshops und Tattoo-Studios wechselten sich ab und man hatte einen schönen Blick auf das Santa Monica Pier. Bald schon bogen wir nach links ab auf den Strand. Oh ja, wir liefen doch tatsächlich über Venice Beach! Dasselbe Gefühl wie gestern Abend im Bett – ich bin in L.A! – überkam mich. Es ist unbeschreiblich, wenn man sich plötzlich an so bekannten Orten und Plätzen befindet, die so weit weg und nur aus dem Fernsehen bekannt sind.

Der Strand ist mehrere hundert Meter breit und zieht sich in der Länge meilenweit fast die gesamte, sich über 70 Kilometer erstreckende Stadt entlang. Man sieht von hier aus die gesamte Bucht von L.A. von Nord nach Süd und umgekehrt und bis nach Malibu. Neben dem Gefühl, nun hier zu sein, ist es auch unglaublich, wenn man die unendliche Weite des Ozeans vor sich und den Moloch mit 17 Millionen Einwohnern hinter sich hat.

Hier war alles noch ruhig und friedlich und wir gingen die mehreren hundert Meter direkt bis zum Wasser. Das dauerte ein wenig, denn die Breite des Strandes darf man nicht unterschätzen.

Und dann standen wir am Venice Beach im Pazifik! Dieser Moment wurde natürlich ausreichend auf Bildern festgehalten. Das Wasser war deutlich wärmer als noch in Pismo Beach und das hieß für mich, dass ich in San Diego definitiv in die Fluten steigen würde. Hier ging ich mangels Badesachen lediglich mit den Füßen ins Wasser und trotzdem wurden aufgrund der starken Brandung die kurzen Hosen nass. Kein Problem, es war sonnig, es war warm und der warme Wind trug auch noch seinen Teil dazu bei. Bald waren wir also wieder getrocknet.

Die Kinder hatten einen riesigen Spaß und tobten sich so richtig am Venice Beach aus. Sophie fand riesengroße Muscheln. So große Muscheln hatte sie bisher noch nie gesammelt, sie sind noch einmal größer als die, die sie schon in Pismo Beach gefunden hatte. Wir liefen ein wenig am Strand entlang und bestaunten die Wellenreiter, die genau hier auf die nächste, beste Welle warteten. An einem Parkplatz verließen wir den Strand und duschten erst einmal unsere Füße ab. Dann ging es wieder in die Schuhe und weiter, denn wir wollten uns in Venice auch die künstlich angelegten Kanäle anschauen.

Ein weiterer Höhepunkt unserer Tagestour durch L.A., denn hier tauchten wir in eine andere Welt. Wunderschöne Häuser, deren Küchenzeilen sich zum Teil direkt im Garten befanden, malerische kleine Brücken und ein nicht tiefer, künstlicher Wasserstrom und die Ruhe – man befand sich in der Tat in einer anderen Welt fernab der Hektik dieser riesigen Stadt. Das genossen wir auch ein wenig und die Kinder suchten sich ihr jeweiliges Lieblingshaus in diesem besonderen Viertel aus. Ein Hund saß hinter einem Fenster, das zum Weg zeigte, und beobachtete uns neugierig.

Anschließend gingen wir zurück zum Parkhaus, wo wir unser Auto geparkt hatten, und fuhren über den Abbott Kinney Boulevard weiter. Das ist eine Straße, die in L.A. ziemlich hipp ist, da sich ständig das Straßenbild ändert. Es gab trendige Shops zu sehen und das L.A.-Feeling mitten in Venice, bevor wir uns wieder in Richtung Beverly Hills aufmachten. Noch war keine Rushhour und relativ schnell kamen wir zum Rodeo Drive, unserem nächsten Ziel.

Zunächst schien hier die Parkplatzsituation ähnlich aussichtslos wie in San Francisco. Dann fanden wir aber, eine Parallelstraße vom Rodeo Drive entfernt, ein Parkhaus, in dem man sogar eine Stunde kostenlos parken konnte und es gab sogar noch Platz! Schließlich wollten wir ja nicht einkaufen und eines der zahlreichen Valet Parking-Angebote annehmen.

Entscheidet man sich hier in der Ecke des Rodeo Drive für das Valet Parking, dann zahlt man eine XXL-Gebühr und übergibt einem Anzugträger die Autoschlüssel, man muss sich also um nichts mehr kümmern. Der parkt dann das Auto entsprechend. So machen es hier beispielsweise all jene, die tatsächlich einkaufen und entsprechend viel Geld im Geldbeutel haben. Denn das braucht man hier.

Wir sahen das Wilshire Plaza Hotel, bekannt aus „Pretty Woman". Hiermit konnten die Kinder natürlich nichts anfangen und eigentlich sahen wir uns das auch nur wegen mir an. Ich entdeckte sogar die Feuertreppe, die Richard Gere mit dem Rosenstrauß zwischen den Zähnen heraufgeklettert war. Wir gingen in die kleine aber feine Fußgängerzone gegenüber vom Hotel, die uns zum Rodeo Drive führte.

Eine Asiatin bat uns um ein Familienfoto vor dem Brunnen, der hier munter vor sich hinplätscherte. Sie bot uns dann an, ebenfalls ein Familienfoto von uns zu schießen, und meinte ganz stolz, dieselbe Kamera zu besitzen. Anscheinend war das aber doch nicht der Fall, denn weil es nicht auf Anhieb funktioniert hatte, mussten wir ein zweites Mal posieren. Anschließend gingen wir durch die Fußgängerzone, die letztendlich gar nicht so spektakulär war, und schritten den Rodeo Drive etwas hoch und auf der anderen Seite wieder zurück vorbei an „Prada", „Dolce & Gabbana" und vielen weiteren Modelabeln.

Vor ein paar Wochen waren wir ja in Paris und dort in der Einkaufsstraße für Reiche, die Avenue Montaigne ebenfalls mit Läden von „Gucci", „Chanel", „Dior" und vielen mehr. So erklärten wir das auch den Kindern, nur dass man hier noch etwas mehr Geld ausgeben kann. Denn wir dürften gerade über die teuerste Einkaufsstraße der Welt marschiert sein.

Wir hatten genug gesehen und gingen zurück zum Parkhaus, das uns nichts kostete, weil wir keine Stunde gebraucht haben. Weiter ging es nun in Richtung Hollywood, unsere vorletzte Station für heute. Auf dem Hollywood Boulevard direkt am Chinese Theatre sahen wir beim Vorbeifahren schon Menschenmassen an einer bestimmten Stelle. Dabei handelte es sich um den Stern von Robin Williams, dem Schauspieler, der zwei Tage zuvor Selbstmord begangen hatte, was wir aus den Nachrichten erfahren hatten. Außerdem wurde genau hier vor dem Chinese Theatre auch ein roter Teppich aufgebaut, weshalb ein Teil der Straße gesperrt war. Irgendein Film mit Pierce Brosnan hatte Premiere.

Die Parkplatzsuche begann und sah anfangs wenig Erfolg versprechend aus. Auf einem Platz, auf dem man 35 Dollar für unseren SUV kassiert hätte, war zum Glück kein Platz für ein Auto in dieser Größe. Wir fuhren deshalb ein wenig um den Block und wurden fündig. Was für ein Glück! Hier war das Parken für zwei Stunden sogar kostenfrei! Schon wieder kostenlos wie kurz zuvor in der Nähe des Rodeo Drive! Mitten im Geschehen!

Das ist unvorstellbar für deutsche Großstädte, wo man beispielsweise in München allein für das Parken ein Vermögen loswerden kann... Unsere erstaunliche Feststellung war, dass man nur mit ein bisschen Suchen an den bekanntesten und teuersten Plätzen in L.A. kostenlos parken kann.

Gesagt, getan und wir gingen einen Block in Richtung Hollywood Boulevard. Als Allererstes konnte sich Nicolas hier in einem Restaurant erleichtern. Um reinzukommen, erzählte der Papa, dass er nach Freunden suche. Somit war das kein Problem. Andernfalls hätten die beiden nicht so leicht da hineinspazieren können. Ein Restaurant ist auch keine öffentliche Toilette und bei den Menschenmassen, die hier unterwegs sind, ist die Bewachung durch Sicherheitsleute gut zu verstehen.

Erleichtert wechselten wir die Straßenseite und gingen in Richtung Chinese Theatre. Man läuft über die Sterne sämtlicher wichtiger und unwichtiger Akteure und am Theatre findet man dann von einigen die Hand- und Fußabdrücke mit netten Sprüchen und der Unterschrift dazu. Kurz darauf kommt der abgesperrte Stern von Robin Williams, der sich vor zwei Tagen das Leben genommen hatte. Hier lagen bereits viele Blumen und jeder, der hier vorüberzieht, hält kurz an. Ein trauriger aber sehr besonderer und bewegender Moment.

Es kam das Dolby Theatre, in dem die Oscars verliehen werden, und wir wechselten die Straßenseite, um besser fotografieren zu können. Der Trubel hier war unmenschlich und das machte so auf diese Weise eigentlich keinen richtigen Spaß. Wir hatten gesehen, was wir sehen wollten und das reichte. Die Kinder gingen bewundernswert artig und tapfer mit und durch alles durch. Diese Sehenswürdigkeiten interessierten sie nicht wirklich, denn Kinder können mit all dem Filmgeschehen in diesem Alter auch noch nichts anfangen. Die ganzen Namen der Berühmtheiten in den Sternen sagten ihnen auch nichts.

Da es bereits halb zwei war, hatten alle außer mir auch Hunger. Bei der Parkplatzsuche hatte ich zwei

Blocks weiter einen Chicken-Sandwich-Laden gesehen, den steuerten wir nun an. Obwohl ich keinen Hunger hatte, aß ich trotzdem einen Chicken Wrap. Die anderen stillten ihren vorhandenen Hunger und dann war unser Ziel nur noch das Auto.

Raus aus diesem Wahnsinn. Denn L.A. liebt oder verdammt man. Wir gehören nach den Erlebnissen des heutigen Tages eher zur zweiten Fraktion. Es gab zwar überall Parkplätze und wir konnten bisher alles sehen, was wir uns vorgenommen hatten. Doch der Verkehr, die Fahrerei und das unaufhörliche Pulsieren dieser Millionenstadt mit den unzähligen Menschenmassen stressen einfach, selbst im Urlaub.

Wir fuhren nun zu unserem letzten Ziel, dem Griffith Observatory, um einen Gesamtanblick von L.A. zu bekommen. Hierzu ging es durch Hollywood durch. Wie schon am Tag zuvor fallen hier einfach wie auch im Rest von L.A. die unzähligen Plakatwände und Werbebanner für Film und Fernsehen auf. An jeder Straße hängen zusätzlich noch Fähnchen mit Beverly Hills- oder Hollywood-Schriftzügen und noch irgendwas anderes, wodurch ein wahnsinnig buntes Bild entsteht.

Wirklich schnell kamen wir am sich in 300 Metern Höhe befindlichen Griffith Observatorium an. Das ist ein Ort für Touristen und Einwohner der Stadt. Hier finden außerdem wissenschaftliche Ausstellungen statt und das Gebäude ist für sein Planetarium und das Panorama, das sich von hier oben aus bietet, bekannt. Außerdem war es auch Kulisse für den ein oder anderen Film wie beispielsweise „Denn sie wissen nicht, was sie tun" mit James Dean oder „Terminator" mit Arnold Schwarzenegger.

Auch hier war zwar jede Menge los, doch es herrschte eine unglaubliche Ruhe vor. Man konnte also den Blick auf Los Angeles auf der einen Seite und das Hollywood Sign auf der anderen Seite so richtig genießen. Dieses hieß übrigens ursprünglich Hollywood Land. Erst 1994 wurde die Silbe „Land" entfernt. Ende der Siebzigerjahre wurde der Schriftzug auf Spendenbasis neu aufgebaut. Und davor sah man auf sämtlichen Hügeln der Hollywood Hills irgendwelche Menschen rumkrabbeln. Zum Schild selbst kommt man ja nicht mehr, das ist abgesperrt. Ich persönlich verstehe diese Kletterlust nicht so ganz, denn der Anblick von hier oben reichte völlig.

So unendlich weit der Ozean zwei Tage zuvor erschien, so unendlich weit lag nun diese riesengroße Stadt mit einem grandiosen Blick auf Downtown zu unseren Füßen. Das zusammen mit Venice Beach und den Kanälen war mein persönlicher Höhepunkt von L.A. Ich hatte gesehen, was ich sehen wollte. Das reichte mir für dieses Leben. Vielleicht kehren die Kinder eines Tages hierher zurück, denn in ihrem jetzigen Alter war das alles, was wir gesehen hatten, noch nicht so interessant. Auf die Frage, was ihnen an diesem Tag in L.A. am besten gefallen habe, antworteten alle drei nämlich einstimmig: „Der Strand!"

Es war geschafft, wir beendeten unsere Tour durch L.A. Um fünf Uhr kamen wir wieder am Hotel an und die Kinder sprangen gleich in den Pool. Auch ich kühlte mich ein wenig ab und versuchte, ein paar Bahnen im Pool zu schwimmen. Anschließend ging es zum Abendessen. Wir hatten uns erneut für die Saddle Ranch schräg gegenüber vom Hotel entschieden. Das Lokal ist einfach etwas Besonderes und was am wichtigsten war: Wir müssen nicht mehr mit dem Auto fahren. Ein schöner Abschluss für den ereignisreichen Tag in Los Angeles. Ich aß heute lediglich einen Salat ohne Fleisch, das musste einfach mal sein. Zum Schluss bekamen wir erneut diese Zuckerwatte, von der nur die Mädels heute noch etwas abhaben wollten. Zurück im Hotel gingen die Kinder gleich ins Bett.

Los Angeles ist geschafft. Ich hatte mich sehr auf

diese Stadt gefreut und war sehr gespannt. Und ich muss sagen, es ist schon ein grandioses Gefühl, hier an Ort und Stelle zu sein. Doch mir persönlich ist einfach alles zu groß, zu weit, zu stressig, zu überlaufen und zu voll. Kein Ort, an dem ich mir vorstellen könnte, zu leben. Das wäre für mich wirklich nicht erstrebenswert.

Die Stadt ist eindeutig schmutziger als alle anderen, die wir bisher gesehen hatten. Die Armut ist auch überall zu sehen, es gibt zahlreiche Obdachlose und Menschen, die sich ihren Unterhalt mit dem Sammeln von Plastikflaschen verdienen, unter einer Brücke oder in einem Hauseingang zusammengekauert schlafen. Hier haben selbst wir die Kinder an die Hand genommen und ein doppeltes Auge auf sie gehabt. Die Kriminalität ist einfach auch um einiges höher. All diese Punkte führen dazu, dass wir uns bei der Wahl „Love it or hate it" für zweites entscheiden.

Aus Sophies Tagebuch...

Am zwölften Tag sind wir aufgestanden, haben uns gewaschen und sind zum Frühstück gegangen. Nach dem Frühstück sind wir nach Venice Beach an den Strand gegangen. Am Strand sind wir herumgelaufen und ich habe schöne und große Muscheln gesammelt.

Danach sind wir bei den Kanälen spazieren gegangen. Anschließend sind wir mit dem Auto zum Rodeo Drive gefahren. Dort sind wir auch rumgelaufen. Dann sind wir nach Hollywood und sind dort ebenfalls spazieren gegangen. Danach sind wir zu einem Observatorium gefahren und haben uns dort umgeschaut. Außerdem hatte man einen tollen Blick auf Los Angeles. Am Abend sind wir in das gleiche Restaurant wie gestern.

Tag 13: San Diego – wir kommen!

Die zweite und gleichzeitig letzte Nacht in L.A. war deutlich besser als die Nacht zuvor. Dieses Mal bekamen wir allerdings Besuch von der Kleinsten. Sie hatte schlecht geträumt und wechselte dann von ihrem, dem Kinderbett, in das andere, nämlich unseres. Heute schliefen wir auch alle länger, der Papa mit dem Zwerg bis um halb acht, ich bin um acht Uhr aufgestanden.

Das übliche Prozedere mit dem Zusammenpacken war an der Reihe und schnell erledigt, weil das mittlerweile einfach schon Routine ist. Dann ging es zum Frühstück. Hier hatten wir so richtig Glück, denn wir trafen den optimalen Zeitpunkt. Gleich darauf kam nämlich ein richtiger Pulk an Leuten und der Raum war voll. Diese Frühstückerei erinnert sowieso eher an eine Art Massenabfertigung. Doch bei dieser Art Urlaub will man schließlich auch nicht viel Zeit mit dem Frühstück verschwenden und ein gemütliches Genießen ist mit Kindern auch nicht möglich. Wir wollen ja etwas vom Tag haben und viel erleben.

Und damit geht es heute weiter. Nach dem Frühstück, das nichts Besonderes war und deshalb keiner weiteren Beschreibung bedarf, gingen wir zurück ins Zimmer, schnappten uns unsere Sachen und auf geht es nun in Richtung San Diego. Ein Ziel, das mein heimlicher Höhepunkt der Reise ist und auf das ich mich besonders freue. Ich habe so viel Positives gehört und außerdem möchte ich unbedingt nach dem vielen amerikanischen Essen so nah an der mexikanischen Grenze jetzt auch mal richtig mexikanisch Essen gehen!

Beim Gepäck kommt nun immer mehr Schmutzwäsche zusammen, die ich aussortiere und zunächst im Auto lagere, sodass wir die nicht immer mit ins Zimmer nehmen müssen. Dasselbe geschieht mit den gekauften Sachen wie Kleider und Schuhe, die wir hier nicht brauchen. Zum Schluss in Las Vegas wird das dann alles entsprechend verpackt. Aber bis dahin ist es ja noch eine Weile.

Heute beginnt gerade mal der zweite Teil unserer Reise, gestern war Halbzeit. Irgendwie kommt es mir schon viel länger vor. Ich habe so abgeschaltet und mich an das Nomadenleben gewöhnt, dass trotz unserer vielen Unternehmungen und dem Erlebten die Zeit nicht so schnell voranschreitet wie bei einem Pauschalurlaub irgendwo am Meer. Schon lange habe ich die Zeit nicht mehr so intensiv erlebt. Zu Hause im Alltagsgeschehen rast sie auch immer unerbittlich und so schnell ist eine Woche rum. Wie gut, dass das bei diesem Urlaub nicht so ist.

Wir fuhren also los nach San Diego. Ein letztes Mal den La Cienega Boulevard hinunter und die unzähligen Film- und Fernsehplakate betrachten. Ein paar neue Filme für zu Hause hatte ich nun schon auf dem Radar, brandneu direkt aus Hollywood sozusagen! An jeder Ampel hieß es stoppen, eine grüne Welle gibt es hier nicht und ist auch in dieser Stadt mit solchen Ausmaßen einfach nicht möglich. So blieb mehr Zeit, das Drumherum ein wenig zu beobachten. An einer Kreuzung verdiente sich einer sein Geld, indem er mit einem Werbeschild den wartenden Autos an der Ecke etwas vortanzte.

Für ihre Haustiere haben die Amerikaner auch sehr viel übrig. Da fuhr gerade ein Auto mit dem Aufdruck für ein Pet Spa vorbei, Wellness für „Hund und Katz" also. Auf der Reise sind mir auch schon unzählige Haustier-Hotelanlagen aufgefallen. Gestern beim Rodeo Drive dagegen habe ich allerdings auch ein Kids Spa, ein Wellness-Center nur für Kinder, entdeckt.

Apropos Kids. Die hatten es sich wieder auf der geräumigen Rückbank bequem gemacht und ahnten nicht, was in San Diego mit dem Sea World auf sie zukommen wird. Das wird auch der Kinderhöhepunkt der Reise werden, vermutete ich. Lassen wir uns überraschen.

Kaum auf dem Freeway angekommen, standen wir auch schon im Stau, obwohl die Rushhour längst vorbei war. Der hielt uns allerdings nur kurz auf und wir fuhren fast kerzengerade die 70 Kilometer mitten durch Los Angeles durch, an Downtown vorbei, das nur einen winzig kleinen Bereich des gesamten Stadtareals ausmacht. Rechts und links vom Freeway befanden sich Häuser und nichts als Häuser. Und Straßen. Beeindruckend waren insbesondere die verschiedenen Freeway-Konstruktionen mit betonierten, sich kreuzenden und untereinander oder übereinander führenden Freeways an entsprechenden Kreuzungen. Ein Geschlängel aus Beton mit unendlich viel Verkehr...

Auf der linken Spur sind auf der sogenannten Car Pool Lane nur Autos mit zwei Insassen und mehr und somit wir sowie auch Busse zugelassen. So möchte man dem Verkehrsaufkommen zumindest einigermaßen entgegenkommen und diejenigen belohnen, die Car-Sharing machen und sich nicht allein ins Fahrzeug setzen. Denn etwa 90 Prozent der Autos sind nur mit dem Fahrer besetzt. Was auch auffällt, sind die Motorradfahrer, denn die tragen, seit wir in Kalifornien sind, doch auch Helm und

Motorradkleidung, anders als noch in Chicago.

Auch die LKWs oder Trucks müssen an dieser Stelle einmal erwähnt werden und sie sind sogar den Kindern aufgefallen. Die Schnauze sieht nämlich ganz anders aus als bei LKWs bei uns zu Hause und erinnert an die Form, die sie bei uns in den 50er, 60er Jahren hatten. Trotzdem sind es völlig neue Fahrzeuge und auch die ganz langen sogenannten Riesen-LKW haben wir schon gesehen. Grundsätzlich sind hier aber eindeutig weniger auf den Straßen unterwegs.

Wir ließen den Großraum Los Angeles hinter uns und näherten uns wieder einem schöneren Streckenabschnitt direkt am Pazifik entlang. Der Rekord an Spuren einer Straße liegt nun übrigens bei acht: zwei für die Fahrzeuge mit mehr als einem Fahrer und sechs für den Rest. Grundsätzlich sind sechs Spuren aber durchaus die Regel. Auf einer Fahrseite des High- oder Freeways wohlgemerkt.

Nach dem Fahren in L.A. kommen einem außerdem die Verkehrsprobleme zu Hause auf einmal ganz klein und unbedeutend vor. Was sind schon 30 Minuten durch die Kleinstadt oder 20 Minuten im Stau vor einer Ampel? Die Menschen in L.A. müssen wahrlich viel mehr Zeit einplanen und verbringen deutlich mehr Zeit ihres Lebens im Auto und auf der Straße. Und sie nehmen das als gegeben hin, ohne sich darüber zu beschweren.

Aufgeregt hätte man sich in Deutschland mit Sicherheit auch über die Aufmachung der jungen Mädels in unserem Lieblingslokal, der Saddle Ranch, in L.A. Die Bedienungen waren hier nämlich junge Mädels in knappen Hotpants und mehr oder weniger starker Aufmachung. Doch immer mit einem Lächeln im Gesicht. Schließlich lebt man hier zum großen Teil vom Trinkgeld und dafür muss man etwas tun. Freundlich sein, reicht nicht, die Aufmachung kommt noch hinzu. Und trotzdem haben sie alle augenscheinlich Spaß an der Arbeit. In Deutschland wäre das in dieser Form schlicht undenkbar. Hier käme sofort jemand daher, der hier eine Diskriminierung der Mädchen und nicht zumutbare Arbeitsbedingungen hineininterpretieren würde. Bei uns werden zu gerne Probleme gemacht, wo keine sind. Und den Betroffenen wird eingeredet, dass das, was sie tun, problematisch ist. Die Amerikaner mögen prüde sein, doch gleichzeitig sind sie viel offener, aufgeschlossener und lockerer als wir Deutschen. Und haben augenscheinlich mehr Spaß am Leben, trotz anderer Umstände, als wir sie in unseren Gefilden vorfinden. Wir sind einfach in vielerlei

Hinsicht viel zu verkrampft.

All diese Dinge erlebten auch unsere Kinder auf dieser Reise. Sie lernten die Welt mit ihren vielen verschiedenen Facetten kennen und bekommen so einen ganz anderen Blickwinkel auf bestimmte Themen. Ein offenes Weltbild als Bestandteil der Erziehung ist nicht schlecht. Wir können die Borniertheit einiger unserer Landsmänner und -frauen nicht mehr ändern. Aber unsere Kinder können wir mit einem anderen Weltbild erziehen. Mit diesen Gedanken näherten wir uns nun San Diego. Es waren noch etwa 20 Minuten zum Ziel, sofern sich der Stau, in dem wir gerade steckten, bald auflösen würde.

Ein Unfall war die Ursache für den Stau kurz vor San Diego, der sich jedoch ganz schnell wieder aufgelöst hatte. Wir fuhren etwa um 12 Uhr in San Diego ein und sofort fiel auf, dass in dieser Stadt viel weniger Verkehr herrscht und alles viel sauberer war als in Los Angeles. Wir beiden Erwachsenen sind ja in Hollywood direkt am Walk of Fame in Kaugummis getreten, das kann uns hier gar nicht erst passieren, weil so etwas überhaupt nicht auf dem Boden klebt.

Wir bezogen unser Hotel, wieder ein Best Western,

das Palm Island Resort auf Shelter Island, und es war ein Traum! Eine wunderschöne Suite wieder mit zwei großen Betten im Schlafzimmer, ein Bad, in dem man Tango tanzen konnte, und eine große Küche. Das Tüpfelchen auf dem „i" war die grandiose Aussicht auf die Bay und auf Downtown und der Balkon zum gemütlichen Sitzen im Freien. Da wir vom monotonen Hotel-Frühstück zunächst einmal geheilt waren und hier kein Frühstück inklusive war, entschlossen wir uns, im Supermarkt, der ebenfalls um die Ecke war – hier denke ich bereits in amerikanischen Distanzen – einzukaufen und uns für ein Frühstück im Zimmer mit Blick auf die Bay einzudecken. Es war alles da, was man brauchte: Toaster, Kaffeemaschine...

Doch zunächst inspizierten wir die tolle Anlage zwischen Bay und Marina mit unzähligen Jachten. Der große Pool war ein Traum und die Kinder konnten es kaum erwarten, hier reinzuspringen. Als Erstes wollten wir aber unsere Online-Tickets für Sea World gegen „echte" eintauschen, anhand derer wir so oft rein konnten, wie wir wollten.

Wir fuhren also die zehn Minuten ohne Verkehr zum Sea World und bezahlten erst einmal 16 Dollar für den Parkplatz, denn der ist in den Tickets nicht enthalten. Das Eintauschen der Online-Tickets in unsere eigentlichen Eintrittskarten klappte ohne Probleme. Wir orientierten uns zunächst ein wenig, damit wir das für den nächsten Tag und unseren eigentlichen Besuch schon erledigt hatten.

Unsere erste Station war das Shamu-Becken beziehungsweise waren das die drei Orcawale im Becken neben der Shamu-Bühne. Die trieben da relaxt in einer Ecke im Wasser. Weiter ging es zu den Delfinen. Die ließen sich über Wasser und an einer Glasscheibe auch unter Wasser bestaunen. Die Kinder waren begeistert, denn Delfine haben sie so aus der Nähe noch nie gesehen. Und sie gehören schließlich zu Sophies Lieblingstieren. Damit sich unsere 16 Dollar Parkgebühr auch lohnten, nahmen wir uns schon mal eine Show, nämlich die mit den Delfinen, um 15:15 Uhr vor. Die Shows dauern immer 20 Minuten und wir hatten noch ein wenig Zeit, in der wir – ein Eis genießend – den Delfinen am Dolphin Point noch etwas zuschauten.

Eine halbe Stunde vor Beginn gingen wir zur Tribüne, wo wir auch relativ schnell eingelassen wurden. Typisch amerikanisch wird die Zeit bis zum Beginn überbrückt. Es werden Merchandising-Artikel verkauft, an die man gar nicht denkt: von Seifenblasen, über Ventilatoren bis hin zu Regenponchos. Jawohl, es gibt Leute, die setzen sich in die erste Reihe und um nicht nass zu werden, wird ein Poncho angezogen. Bei 30 Grad und strahlender Sonne vom blauen Himmel!

Wir saßen in der vierten Reihe und scheuten mögliches Wasser nicht, im Gegenteil. Die Kinder bekamen Popcorn und wir kauften noch etwas zu Trinken. Ein Einheizer sang ein paar Lieder und animierte das Publikum, bis es losging. Pünktlich begann die Show und die war einfach nur grandios. Zwölf Delfine, mehrere Akteure und zwischenzeitlich auch drei riesige Seekühe unterhielten das Publikum im Stadion, das bis auf den letzten Platz besetzt war. Natürlich wurde man in den ersten Reihen auch nass, aber das war so nebensächlich – und gleichzeitig aufgrund der Hitze eine Wohltat.

Die Tiere sprangen, drehten sich, die Akteure glitten mit ihnen durch das Wasser. Das Spektakel war etwas Besonderes, denn in Europa wäre das tierschutzrechtlich gar nicht möglich. Die Tiere machten zwar auf mich keinen unglücklichen Eindruck und der Umgang zwischen Mensch und Tier schien respektvoll und liebenswert. Doch das Sea World hat durchaus seine zwei Seiten und steht auch bei Tierschützern unter Beschuss. Eines der größten Probleme von Sea World sei nämlich, dass es sein Publikum hinters Licht führe. Es glaube, ein zufriedenes

Tier zu sehen, das sich artgerecht verhält. In Wirklichkeit handele es sich um ein entfremdetes Tier, das keine Wahl hat.

Man liest aber auch, dass Sea World von anderen Tiertrainern bewundert wird. Der Park setzt eine der fortgeschrittensten Trainingstechniken ein, die er selbst entwickelt hat, und ist bekannt dafür, dass man sich wirklich um seine Tiere und deren Bedürfnisse kümmert. Letztendlich muss man selbst entscheiden, ob man sich diesen Park und die in Europa nicht möglichen Shows mit den Tieren anschauen möchte.

Viel zu schnell war diese Show jedoch vorbei und wir machten uns auf in Richtung Ausgang. Die Kinder strahlten, denn sie hatten einen tollen Einblick in das erhalten, was Sea World zu bieten hat. Am nächsten Tag würde es weitergehen. An den Putzerfischen am Ausgang hielten wir noch an und alle streckten die Hände in das Becken. Sogar Sophie, die letztes Jahr im Urlaub auf Korsika bei einer solchen Sache aus Angst vor den kleinen Fischen, die an den Händen knabbern, sodass es kitzelt, noch verweigert hatte.

Auf dem Rückweg fuhren wir noch schnell zum Supermarkt, wo wir uns für das Frühstück im Hotelzimmer und mit Getränken eindeckten. Dann ging es zurück zum Hotel und in den Pool.

Zum Abendessen fuhren wir nicht in das Gaslamp Quarter, das bekannte Kneipen- und Barviertel von San Diego. Hier findet eher das Nachtleben von San Diego statt und in Amerika dürfen Kinder nicht in eine Bar, wenn dort kein Essen serviert wird. Man empfahl uns an der Hotelrezeption die Old Town, die Altstadt, von San Diego. Und so fuhren wir dort hin.

Es sind nur zehn Minuten und ein Katzensprung – natürlich wieder in amerikanischen Maßstäben. Problematisch war nur wieder die Parkplatzsuche. Man kann am Straßenrand und auf zwei öffentlichen Parkplätzen parken. Das war es dann auch schon. Da hier noch mehr Menschen waren, die dasselbe vorhatten, mussten wir somit erst ein wenig kreisen. In der Juan Street auf Höhe des Heritage Parks noch oberhalb vom Best Western Hotel in der Old Town wurden wir fündig. Es war ein wenig zu laufen, doch für amerikanische Verhältnisse doch eher keine eigentliche Entfernung.

Die Old Town ist die älteste europäische Ansiedlung im heutigen Kalifornien: Zunächst schauten wir uns den Market an. Hier waren noch ursprüngliche, gut erhaltene Gebäude zu finden, die an die Westernzeit mit all ihren Saloons erinnerten. Es war nicht überlaufen und es herrschte auch kein Trubel. Überall sind Souvenirläden zu sehen, wo man alles im mexikanischen Stil bekommen konnte.

An der Hotelrezeption wurde uns auch ein Restaurant empfohlen und das war ein richtig guter Tipp. Hier in der Old Town reihten sich nämlich sämtliche mexikanischen Cafés, das sind aber keine Cafés, sondern eben die typischen Restaurants, aneinander. Unser Ziel war also das vom Hotel empfohlene Café Coyoté und wir bekamen hier gleich einen Platz im Freien zugeteilt. Im Freien bedeutet hier an der frischen Luft doch trotzdem unter einem Glasdach zwischen den beiden Gebäuden, in welchen sich das zweistöckige Restaurant befindet. Und es war voll bis unter das Dach.

Die erneut sehr freundliche Bedienung nahm die Bestellung auf und was trinkt man hier zum Essen? Keinen Wein! Die Männer vielleicht ein Bier, doch unser Papa musste ja noch Auto fahren. Aber ich musste nicht und deshalb gönnte ich mir einen Margarita. Für den Durst kam ein Wasser kostenlos dazu; hier hatte ich noch keine Anmerkungen zum Thema Wassersparen gesehen.

Die Kinderkarte war üppig und sie erhielten diese wieder auf einem Papier mit Sachen zum Ausmalen. Wenn sie das machten, könnten sie nach dem Essen in ein angrenzendes, zum Restaurant gehörendes Süßigkeitengeschäft und ihr angemaltes Bild gegen zwei Candys eintauschen. Eine sehr nette Geste.

Vor dem Essen erhielten wir Taco-Chips und eine geniale Salsa-Soße gratis, sodass wir uns die Vorspeise sparten. Das Essen schmeckte hervorragend. Ein Genuss pur, das hatte ich mir die ganze Zeit schon gewünscht. Die Kinder aßen Kindertortillas und bei den typischen Bohnen als Beilage schauten sie zunächst etwas verwundert, doch bis auf Katharina aßen sie auch das auf. Die Preise waren sehr moderat und nach dem Bezahlen tauschten die Kinder alleine im Geschäft – wir hatten sie dabei im Blick – ihre angemalten Bilder gegen Süßigkeiten ein.

Nach dem Verlassen des Restaurants war es schon dunkel und wir gingen gemütlich zum Auto zurück. Die Kinder spazierten im Hotel dann gleich ins Bett und wir genossen den Abend noch auf dem gemütlichen Balkon bei einem Glas Wein mit Blick auf die Bucht und Downtown. Ein wunderschöner Fleck Erde, hier konnten wir es aushalten.

Nicht zu spät gingen wir ins Bett, denn am nächsten Tag steht ja Sea World als Intensiv-Erfahrung auf dem Programm. So neigt sich unser erster Tag in San Diego ebenfalls dem Ende zu. Er klingt gemütlich aus und wir sind froh, dem Trubel in Los Angeles entkommen zu sein. San Diego ist zwar die drittgrößte Stadt in Kalifornien und achtgrößte in den USA. Das merkt man aber zumindest hier in dieser Ecke auf Shelter Island, wo sich das Hotel befindet, kaum. Vielmehr wirkt es wie ein nettes Städtchen und nicht wie eine Stadt mit zwei Millionen Einwohnern.

Aus Sophies Tagebuch...

Am dreizehnten Tag haben wir gefrühstückt und sind anschließend nach San Diego gefahren. In San Diego angekommen, sind wir in das Sea World und haben uns die Delfinshow angeschaut. Dann sind wir ins Hotel gefahren und in den Pool.

Am Abend sind wir in ein ganz tolles mexikanisches Restaurant gegangen. Wir bekamen eine Speisekarte zum Ausmalen und ich fand ganz toll, dass man dort die Karte dann gegen Bonbons eintauschen kann. Das haben wir auch ganz alleine gemacht. Wir haben beim Tausch nichts gesagt und nur die Zettel hingegeben. Dann haben wir die Bonbons bekommen. Danach sind wir zum Auto und zurück ins Hotel gefahren. Am Ende ging es ins Bett.

Tag 14: San Diego und Sea World

Heute stand einer der Höhepunkte der Reise speziell für die Kinder auf dem Programm: Der Besuch des Sea World, das wir ja schon am Tag zuvor kennengelernt hatten. Doch heute wollten wir die Orcawal-Show, den eigentlichen Sea World-Höhepunkt, sehen. Zunächst praktizierten wir am Morgen jedoch noch eine andere Neuheit. Aufgrund der herrlichen Lage des Hotels direkt an der Bay ging der Papa morgens hier am Wasser entlang laufen.

Das reizte mich so, dass ich schlichtweg improvisierte und mir mein Lauf-Dress zusammenstellte und dann ebenfalls 20 Minuten hier laufen ging. Ich hatte nämlich meine Laufschuhe in Deutschland gelassen und mich diesbezüglich auch nicht im Nike Store in der letzten Mall ausgestattet. Doch kein Problem, ich hatte ein paar Turnschuhe, ein T-Shirt und eine lange Sporthose, die ich kurzerhand hochkrempelte. Und los ging es. Das tat so gut und war so schön mit Blick auf das Meer und Downtown. Die Strecke passte genau für 20 Minuten und das reichte, einmal die Bay hoch und wieder runter zu laufen.

In der Zwischenzeit waren die Kinder fertig und der

Papa, bis zu dessen Rückkehr ich mit meiner Laufeinheit gewartet hatte, hatte bereits das Frühstück gerichtet. Es duftete nach getoasteten Bagels und Kaffee und war eine herrliche Abwechslung zum nicht besonders abwechslungsreichen Frühstück der vergangenen Tage.

Zunächst musste ich aber noch unter die Dusche und dann frühstückten wir gemütlich mit dem herrlichen Blick auf die Bay vom Küchentresen aus. Wir ließen den heutigen Tag vollkommen gemütlich angehen und genossen es, keinen Stress zu haben. San Diego zwingt einen aber auch weitestgehend dazu, die Stadt strahlt einfach eine unendliche Ruhe und Gelassenheit aus.

Unser Ziel war es, um zehn Uhr im Sea World zu sein, das um diese Uhrzeit seine Pforten öffnet, und fast pünktlich um 10:02 Uhr fuhren wir dort auf den Parkplatz. Natürlich stürmten zu dieser Zeit die Massen in Richtung Eingang. Was aber völlig überzogen war, sind die Kontrollen der Taschen vor dem eigentlichen Eingang. Und zwar von jeder einzelnen Tasche.

Wir teilten uns deshalb auf, ich nahm die Tickets der Kinder und meines und ging durch den Eingang ohne Schlange für all die ohne Taschen. Als Treffpunkt hatten wir die Putzerfische ausgemacht, die ja gleich hinter dem Eingang sind. Ein Glück, dass wir schon am Tag zuvor hier waren und uns ein wenig auskannten. Der Papa blieb mit dem Rucksack in der Schlange stehen.

Doch schon standen auch wir in der nächsten Schlange. Am eigentlichen Eingang werden ja die Tickets gescannt und hier hatten sich ebenfalls schon lange Menschentrauben gebildet. Die Wartezeit vertrieben wir uns, indem die Kinder und ich ein wenig die Menschen um uns herum beobachteten. Die Kinder entdeckten hier nämlich Leute, die sie so aus unserem gewohnten Umfeld nicht kennen. Vor uns stand beispielsweise ein Familienvater von fünf Kindern mit einem „Bart wie der Nikolaus" – O-Ton Sophie – und Ohrringen mit einem Durchmesser von 1,5 Zentimetern, sogenannte Tunnel, die in die Ohrläppchen eingelassen werden, um diese zu dehnen. Entstanden war bei dem Mann schon ein Loch, durch das man bequem durchsehen konnte. Das sah sehr merkwürdig aus. Auch der ebenso große Nasenring zog die Aufmerksamkeit der Kinder auf sich. Ich musste sie nur darauf hinweisen, nicht zu auffällig dort hinzustarren, denn das macht man nicht. Was schwerfiel, denn dieser Mann war schon eine Erscheinung, er war nämlich auch recht luftig gekleidet – nur mit Hose und Unterhemd.

Beim Passieren und Vorzeigen unserer Eintrittskarten fragte mich doch der junge Mann am Eingang, ob ich meine ID, also meinen Pass, dabei hätte. Ich verneinte, denn der war im Rucksack und der bei meinem Mann in der Schlange vor der Rucksackkontrolle. Schließlich hatte ich meine ID ja am Tag zuvor beim Tauschen der Tickets vorgezeigt, meinte ich noch. Kein Problem, ich musste lediglich meinen Daumenabdruck hinterlassen. Somit wurde sichergestellt, dass ich meine Karte, die bis zum Jahresende gültig ist, nicht irgendwem schenkte. Also gut, man ging hier eben auf Nummer sicher. Aber alles in einem oberfreundlichen Ton, ohne patzig zu werden.

Nachdem zumindest wir vier nun auch diese Hürde gemeistert hatten, steuerten wir die Fischlis zum Anbeißen an und dort streckten alle drei Kids ihre Hände ins kühle Nass und ließen sich beknabbern. Ich hielt derweil nach dem Papa Ausschau, ob ich ihn irgendwo in den Schlangen ausfindig machen konnte. Keine Stunde mehr, bis die Orcawal-Show begann! Und aller Wahrscheinlichkeit nach wollten die alle, die in den Schlangen standen auch gleich in diese Show, denn schließlich gab es die nur zweimal: einmal am Vormittag und einmal nachmittags.

Plötzlich winkte da jemand in der Masse und der Papa hatte mich entdeckt. Ich ihn dann auch, aber ich war in meiner Aufmachung wahrscheinlich besser zu finden. Am Abend zuvor hatte ich mich nämlich noch in Old Town mit einem Cowboy-Strohhut ausgestattet. Ich, die keine Hüte und Mützen mag, doch bei der Hitze und der herunterknallenden Sonne, wie am Tag zuvor in der Delfinshow bemerkt, tat das einfach nur gut. Da ziehe sogar ich einen Hut auf. Die beiden Männer, Vater und Sohn, hatten ihre Mützen im Gepäck dabei und beide heute auch auf dem Kopf. Die Mädels hatten wir am Vortag ebenfalls mit Schildkappen versorgt, denn ihre hatten sie nicht eingepackt. Eingecremt hatten wir uns natürlich auch und Sonnencreme war außerdem im Rucksack, um die Nachversorgung zu sichern. Das war superwichtig, denn das Wetter war einfach nur perfekt. Blauer Himmel, Sonne und – relativ gesehen – nicht zu heiße Temperaturen, sondern noch so, dass man es aushielt. Es würden so etwa 30 Grad sein, schätzte ich.

Nach der Wiedervereinigung mit Papa hatten die Kinder ihre Hände lang genug ins Wasser gestreckt. Wir schauten uns noch die anderen Streichelbecken an. Da gab es kleine Haie und Rochen. Am Shamu-

Stadion angekommen, war noch nichts los und wir gingen die Ecke des Parks hier hinten noch ein wenig ab, um die Zeit zu überbrücken.

Wir entdeckten ein Fahrgeschäft ähnlich dem Donnerfluss im Holiday Park – man fährt hier zu sechst in einem runden, offenen „Boot" einen reißenden Fluss hinab, das Nasswerden ist hierbei inklusive. Das ließen wir aber links liegen, denn es war für uns nichts Neues, wohnen wir doch in der Nähe des besagten Holiday Parks.

Es kamen Seesterne zum Anfassen und im Anschluss daran ein kleines Aquarium. Hier gingen wir auch noch durch und dann drehten wir um und es ging zurück zum Stadion. Noch 40 Minuten bis zum Beginn und nun standen auch schon ein paar Leute am noch verschlossenen Tor. Doch kurz darauf wurden die Pforten geöffnet und wir ergatterten einen schönen Platz mittig, wo die Wale auf eine kleine Erhöhung herausspringen und sich präsentieren würden, und hoch genug, um nicht völlig geduscht zu werden, wie es der ersten Reihe mit Sicherheit passieren würde. Es war etwa die siebte Reihe heute.

Im Vorfeld wurde ein Film über die Arbeit im Sea World, die Rettung und Versorgung verletzter Tiere und die Aufzucht sowie spätere Freilassung ins offene Meer gezeigt. Der bekannteste Orcawal war Keiko, der es sogar mit „Free Willy" ins Kino schaffte. Für seine Auswilderung des seit 1979 in Gefangenschaft lebenden Wals wurden mehr als 20 Millionen Dollar ausgegeben. Im Dezember 2003 starb der 27 Jahre alte Orca nach nur einem Jahr in Freiheit an der norwegischen Westküste. Die andere Seite der Medaille, können solche Wale in freier Wildbahn doch durchaus 50 Jahre alt werden.

Die Zeit verging so ganz rasch und ruck zuck war halb zwölf und die Show ging los. Natürlich war diese Dokumentation als Einführung typisch amerikanisch überzogen, aber die Kinder und auch ich empfanden es als interessanter und kurzweiliger als den Einheizer am Tag zuvor bei den Delfinen.

Die Show begann und drehte sich heute nur um die Tiere. Von irgendwelchen Übergriffen der Tiere auf die Trainer, wie im Sea World in Orlando geschehen, war hier allerdings nichts zu bemerken. Eine Interaktion mit den Tieren wie Tags zuvor mit den Delfinen fand aber wohl aus Sicherheitsgründen nicht statt. Keine Einlagen der menschlichen Akteure, lediglich Befehle an die Tiere, die daraufhin ihre Runden zogen, sprangen, sich drehten und natürlich das Publikum nass spritzten. „Do you want to get splashed?" – „Wollt ihr nass werden?" – wurde gefragt und bei der Hitze in der Sonne jubelten alle vollkommen euphorisch: „Yeah!" Die Dusche der riesengroßen Orcawale war schon heftiger als von den Delfinen. Einmal mit der Flosse auf das Wasser geschlagen, dann noch einmal seitlich dasselbe und schon waren die ersten drei bis vier Reihen klatschnass. Zum Schluss als Höhepunkt bekamen dann alle, einschließlich uns, etwas ab vom kühlen Nass. Ja, eine richtige Abkühlung – das war einfach herrlich!

Viel zu schnell waren dieses sehr beeindruckende Ereignis und unser Höhepunkt im Sea World zu Ende. Wir verließen langsam mit den anderen Zuschauern das Stadion und hatten nun noch über eine Stunde Zeit bis zu unserer dritten und letzten Show mit den Seelöwen und dem Otter. Die Haustiershow ließen wir weg. Shamu konnte sowieso nichts toppen und Hunde und Katzen – jeweils dressiert – waren uns dann doch etwas zu kitschig.

Weiter ging es durch den Park und wir besuchten auf unserer Runde noch einmal die Delfine, die Flamingos, die von den Kindern gefüttert wurden, die Haie und Wasserschildkröten. Die beiden Letzteren sowie die Pinguine, die dann an der Reihe waren, wurden ganz toll präsentiert und am Ende gab es jeweils den passenden Geschenke- und Souvenirshop dazu. Wir gingen einfach kommentarlos durch und ignorierten Katharinas Blicke in jedem Shop. Andernfalls hätten wir zum Schluss fünf weitere Kuscheltiere, die wir irgendwie nach Deutschland transportieren müssten. Das musste nun wirklich nicht sein.

Es war noch einen Moment Zeit und wir schafften noch den Bereich „Arktis". Kurz überlegten wir uns, ob wir die Helikopter-Simulation machen sollten: Katharina, die kleinste im Bunde, ist über 42 Inches groß – das ist die Mindestgröße für diese Attraktion – und durfte das auch, doch die Schlange war uns zu lang. Wir wollten ja schließlich noch zu den Seelöwen. Also gingen wir nur ganz normal auch hier durch und sahen Barrakudas, Eisbären und Walrosse. Außer den Eisbären hatten auch wir Erwachsenen diese Tiere noch nicht gesehen. Den letzten Arktis-Souvenirshop ließen wir hinter uns und gingen direkt zum Seelöwen-Stadion.

Es waren immer noch 25 Minuten bis zum Beginn und bei den anderen Shows waren wir über 35 Minuten vor dem Start am Eingang. Hier war bereits offen und als wir reinkamen, gab es schon fast keinen Platz mehr. Das hätten wir nicht gedacht, aber das Stadion war auch viel kleiner. Wir bekamen noch einen Platz relativ weit oben, doch die Aussicht war trotzdem sehr gut. Der Einheizer war dieses Mal wieder ein Mann und sein Programm, bei dessen Abschluss er sich einen Eimer Wasser über den Kopf schüttete, gefiel den Kindern mit am besten. Er verulkte sogar den Film „Dirty Dancing" und sie lachten, obwohl sie den Hintergrund gar nicht verstanden.

Es ging pünktlich los und die Show mit einem Otter und zwei Seelöwen war ganz nett, aber kam meiner Meinung nach definitiv nicht an die Delfine und Orcawale ran. Sie war ein wenig auf Komik gemacht und läppisch, doch die Kinder störte das nicht. Am besten fand Nicolas den einen Seelöwen, der zum Song „Gangnam Style", der erst vor Kurzem in Europa die Hitparaden hoch und runter gespielt wurde und auch unseren Kindern ein Begriff war, in ein Mikro grunzte. Anschließend steuerten wir direkt auf den Ausgang zu. Über vier Stunden waren am heutigen Tag rum und der Abschnitt „Sea World" unserer Reise war abgeschlossen.

Vom Parkplatz, für den wir heute erneut die 16 Dollar bezahlt hatten, fuhren wir direkt zum Ocean Beach. Denn mein Gang in den Pazifik stand ja noch aus und den hatte ich mir ja für San Diego vorgenommen. Hier gibt es mehrere Strände und

Mission Beach sowie Ocean Beach liegen in der Nähe.

Wir fuhren zu Letzterem und fanden einen Parkplatz für fünf Dollar. Das Bezahlsystem war interessant und bestand lediglich aus einem Automaten mit Schlitzen mit der jeweiligen Parkplatznummer, in die man das Geld werfen musste. Wir hatten nur noch vier Dollar und warfen die ein. Das würde schon hinhauen. Nach unserem Erlebnis in San Francisco mit der Parkuhr waren wir mutiger geworden.

Wir liefen direkt zum Strand etwas abseits vom Dog Beach, dem Hundestrand. Ja, in San Diego gibt es sogar einen Strand extra für Hund und Besitzer! Der Ocean Beach war viel voller als es in Venice der Fall war, wir hatten nun auch schon Nachmittag. Aber für meine ganz persönlichen Zwecke reichte das völlig. Ausziehen, umziehen und rein in die Fluten! Ich war im Pazifik und zwar richtig drin! Die Wellen waren der Hammer und etwas völlig anderes als im Mittelmeer. Baden und Schwimmen funktionierte hier nicht, man konnte sich lediglich von den Wellen umfluten lassen und kurz eintauchen zwischen jeweils zwei Wellen. Aber genau das Feeling wollte ich ja haben und just ab dem jetzigen Moment war ich in meinem Leben in allen drei Weltmeeren gewesen!

Der Papa verzichtete auf das Wasser und war für die Festhaltung dieses bedeutenden Moments auf Fotos zuständig. Den Mädels war das mit den Wellen zu heftig und sie flüchteten aus dem Wasser und machten sich zunächst an den Bau einer Sandburg am Pazifikstrand. Auch etwas besonderes, das man nicht jeden Tag macht. Nicolas dagegen hatte Spaß und eine ganze Weile waren wir beide zusammen im Wasser und tobten in den Wellen. Mir reichte es irgendwann und er blieb noch. Ich musste aber ganz schön auf ihn aufpassen, denn er trieb, trotz dass er stand, mit den Wellen und der Strömung immer mehr nach links in Richtung dem dortigen Pier ab. Katharina war nun auch neugierig geworden und wagte sich wieder zurück und weiter hinein in die Fluten.

Am Strand traf ich eine Deutsche aus Berlin. Sie hatte gemerkt, dass ich auch Deutsche bin, weil ich am Strand den Kindern ein paar Brocken auf Deutsch zugeworfen hatte. Die Kinder beobachtend, denn mittlerweile traute sich auch Sophie und Nicolas bekam gar nicht genug, unterhielten wir uns ein wenig. Sie waren zu viert unterwegs und machten in etwa dieselbe Tour wie wir. Ihre Feststellung war auch, dass die Amerikaner zwar relativ gesehen etwas oberflächlicher, aber viel freundlicher als die griesgrämigen Deutschen sind.

Ein Lifeguard, der Baywatch-Bademeister am Strand, kam zu uns und fragte ganz freundlich, ob die Kinder zu uns gehörten. Ich bejahte und er meinte, dass sie ein Stück weiter rüber nach rechts zum Schwimmen, weg vom Pier sollten, weil sich die Strömung nun änderte und sie sonst abgetrieben werden würden. Ich erklärte ihm, dass sie nun eh rauskommen und wir gehen würden. Ich pfiff alle drei zusammen und verabschiedete mich von der Landsmännin. Vielleicht würden wir uns ja am Grand Canyon wieder treffen... Sie hatten den auf ihrer Tour nämlich zu einem ähnlichen Zeitpunkt eingeplant wie wir.

Wir zogen uns wieder um und verließen den Strand. Ich hatte mein ersehntes Pazifik-Erlebnis und die Kinder einen riesigen Spaß. Ehrlich gesagt, reichte das aber auch mit Beach und Sand. Ich merkte, dass mir das bei diesem Urlaub gar nicht fehlte. Der ganze Sand überall nervte nur und das brauchte ich nicht. Also, das Thema Strand war somit auch abgehakt. Papa organisierte noch kurz für sich und mich einen Iced Café, einen leckeren Eiskaffee, bei Starbucks am Parkplatz und wir fuhren zurück ins Hotel. Hier entspannten wir den restlichen Nachmittag noch am Pool. Seit dem Pool in Pismo Beach schwamm Katharina ganz hervorragend. Und in diesem großen Pool hier packte sie auch schon eine lange Strecke und übte fleißig und ehrgeizig das Tauchen. Es sah einfach süß aus, wenn das kleine Mädchen so durchs Wasser schwamm. Nicolas und Sophie tauchten auch bis zum Grund und zwar an der tiefsten Stelle. Hier hat der Pool etwa drei Meter.

Auch die Kleinste hatte ihre Angst vor dem Tauchen und Wasser im Gesicht völlig verloren und tauchte sogar mit offenen Augen. Schön, was so ein Urlaub auch bewirken kann und bewirkt. Nicolas tränten zum Schluss vom vielen Tauchen die Augen, aber das Gefühl hatte ich früher als Kind auch, als ich mehr unter als über Wasser unterwegs war. Sophie hatte das Problem nicht, sie hatte sich meine Schwimmbrille ausgeliehen. Dieser Pool hier war auch nicht gechlort. Irgendwie war hier etwas anderes im Wasser, mit dem der Pool sauber gehalten wurde.

Später, genauer gesagt um halb sechs, richteten wir uns wieder her und fuhren erneut nach Old Town zum Abendessen. Heute, am Freitagabend, war hier definitiv mehr los und bevor wir lange einen Parkplatz suchten, fuhren wir direkt zum öffentlichen Parkhaus am Best Western Hotel in Old Town.

Parkhäuser sind mit diesem Auto zwar ein Graus, aber das Herumfahren und einen Parkplatz suchen, war auch nervig. Gestern kostete der Platz hier noch fünf Dollar, heute am Freitag waren es dann freundlicherweise zehn Dollar. Hier sah man direkt die pure Marktwirtschaft, denn Angebot und Nachfrage regelten den Preis.

Auch egal, wir hatten Hunger. Das Mittagessen hatten wir fünf ja mehr oder weniger ausgelassen. Es bestand lediglich aus Würstchen und Bonbel-Käse für die Kinder schnell im Hotelzimmer nach unserer Rückkehr vom Sea World.

Wir gingen noch ein wenig die Straße entlang und schauten, ob uns irgendwo noch ein anderes Restaurant gefiel. Überall standen schon lange Schlangen am Eingang, um einen Platz im Restaurant zu ergattern. Wir hatten Freitagabend, das merkte man an allen Ecken und Enden. Letztendlich landeten wir doch wieder da, wo wir auch gestern schon gegessen hatten, nämlich im Café Coyoté. Hier stand zwar auch eine lange Schlange, doch es wurde gerade ein großer Tisch für uns frei und wir hatten Glück und konnten gleich loslegen. Was für ein Essen! Die Vorspeise, die ja wieder als Gruß aus der Küche kostenlos auf den Tisch gestellt wurde, hätte ich mir glatt sparen können! Der Scampi-Burrito war so mächtig und riesig, den schaffte ich nicht. Zum Trinken gönnte ich mir heute Abend einen Strawberry-Margarita – Iced – einfach nur herrlich. Und auch beim Papa durfte es heute ein Bier sein. Die Kinder tranken Sprite. Immer nur Wasser ist öde und schließlich sind wir im Urlaub in Amerika!

Anschließend hatten nur noch die Mädels Platz für ein Eis, selbst Nicolas streikte. Da die Kugel aber sechs Dollar kostete, verzichteten wir alle und versprachen den Kindern ein Eis für den nächsten Tag. Der Papa ergatterte in einem der vielen Shops noch ein cooles Heisenberg-T-Shirt. Den Herrn kennt jeder, der die Serie „Breaking Bad" gesehen hat. Die ist für uns Kult. Das T-Shirt war uns aufgefallen und musste einfach gekauft werden – ein hervorragendes Souvenir!

Vollgefuttert und nahezu bewegungsunfähig fuhren wir zurück zum Hotel. Die Kinder gingen ins Bett und auch wir waren müde. Der Tag war angefüllt mit Sea World und so vielen Eindrücken einschließlich meines lang ersehnten Bades im Pazifik und dem nun vollen Bauch. Der nächste Tag würde ruhiger werden. Definitiv.

Aber dennoch ist man immer noch nicht gestresst in San Diego. Man treibt einfach mit in dieser tollen

Stadt und lässt sich treiben. American Feeling gemischt mit Mexican Way of Life – hier kann man es aushalten. Außerdem gibt es einfach ganz viel zu erleben.

Aus Sophies Tagebuch...

Am vierzehnten Tag sind wir ins Sea World und haben uns die Wal- und Seelöwenshow angeschaut. Zwischendurch haben wir uns andere Tiere angeguckt. Danach sind wir an einen Strand und haben kurz gebadet. Anschließend sind wir ins Hotel und sind in den Pool.

Am Abend waren wir dann im gleichen Restaurant wie gestern. Dann sind wir zum Auto und wieder ins Hotel und zum Schluss ging es ins Bett.

Tag 15: American Way of Life in San Diego – ein gemütlicher Tag

Wir hatten ja nun an den beiden Tagen zuvor unser „Pflichtprogramm" für San Diego abgearbeitet, sodass der dritte und auch letzte Tag in dieser wunderschönen Stadt ganz im Sinne der spontanen, relaxten Gestaltung stand. Nach dem Aufstehen – und ich war heute nach Nicolas, der fast nicht zu schlagen ist bei diesem Thema, sogar noch vor dem Papa wach – bin ich aber zunächst noch einmal an die Bay zum Laufen. Ich konnte und wollte nicht widerstehen, denn das war ja der letzte Tag an der Bay und am Pazifik. Außerdem würden die Temperaturen noch weiter steigen im Landesinneren, sodass das Laufen im Freien sowieso nicht mehr möglich sein würde.

Ich strotzte also meinem leichten Muskelkater in den Oberschenkeln vom Laufen am Tag zuvor, da ich im Anschluss daran vergessen hatte, die Stretching-Übungen einzubauen. Gerade wachte Papa auf und ich sagte Bescheid. Er wollte dann nach mir los. Es war halb acht und die beiden Mädels schliefen noch. Ich genoss die letzten 20 Minuten Laufen an der Bay und ignorierte das Ziehen in meinen Oberschenkeln. Zurück im Hotel waren mittlerweile alle wach, der Papa war in den Startlöchern und hatte den Kaffee für das Frühstück schon vorbereitet. Ich musste nur noch auf „Start" drücken. Zunächst musste ich mich aber erst einmal duschen, denn ins Schwitzen kommt man – auch schon so früh am Morgen.

Nach seiner Rückkehr, die Kinder hatten sich mittlerweile auch gewaschen, frühstückten wir gemütlich. Anschließend wollten wir dann am Vormittag nach Downtown San Diego und uns das Gaslamp Quarter anschauen. Am Nachmittag war der Plan, gemütlich am Pool zu entspannen.

Gesagt, getan, wir fuhren los in Richtung der Skyline von Downtown am Flughafen vorbei und staunten nicht schlecht, wie schnell wir vor Ort waren. Für zwölf Dollar bekamen wir an der geplanten Stelle an der E Street Ecke 6th Street einen Parkplatz. Wir hätten dafür bis um acht Uhr abends parken können.

Da waren wir nun schon mitten im bekannten Viertel von San Diego. Seine Geschichte ist ebenfalls sehr interessant: Im Jahr 1850 erwarb der aus San Francisco stammende William Heath Davis hier ein Stück Land am Beginn der heutigen Market Street, um dort die Stadtentwicklung fortzuführen. 1867 wurde die Idee von Davis fortgeführt und auf einer Fläche von etwa 325 Hektar sollte eine neue Innenstadt aufgebaut werden. Seit den 1880er Jahren entwickelte sich das Gaslamp Quarter dann zu einem Vergnügungsviertel mit zahlreichen Bars, Bordellen und Spielhallen. Fast 100 Jahre später 1974 startete ein Investitionsprogramm privater und öffentlicher Geldgeber, um den historischen Charakter des Viertels zu erhalten und es wiederzubeleben. Der Name des Viertels kommt von den unzähligen Gaslampen, die hier Ende des 19. und Anfang des 20. Jahrhunderts gezündet wurden.

Wir liefen die 5th Street hinunter bis zum Eingangsschild in das Gaslamp Quarter über der Straße. Von da aus ging es hinüber zum Baseball-Stadion, in das man von der Nordseite aus einen wunderschönen Einblick hat. Die Beine merkten wir beiden Bay-Läufer ungemein, der Muskelkater schlug gnadenlos zu, doch das Viertel muss man einfach zu Fuß erkunden, Muskelkater hin oder her. Und schließlich würden wir am nächsten Tag ohnehin mehrere Stunden im Auto sitzen. Nach dem Stadion liefen wir dann rüber bis zur 4th Street und dann wieder hoch bis zur E Street. Linker Hand ist ein kleines Einkaufszentrum. Hier gibt es Victoria's Secret und da ich in den USA noch nie in einem Geschäft von

Victoria's Secret war, sollte heute meine Premiere sein. Ich wollte dieses Gefühl einfach auch einmal haben. Leider hatte ich ausgerechnet jetzt meine Kreditkarte im Hoteltresor liegen gelassen. Da lag sie gut und so musste die Kreditkarte von Papa herhalten. Damit ich etwas Zeit hatte, ging er mit den Kindern im Einkaufszentrum umher. Wir verabredeten, dass wir uns wieder in 20 Minuten hier treffen wollten, damit er meine möglichen Einkäufe bezahlen konnte.

Ich wurde sofort sehr freundlich und umfangreich beraten. Das war ein Einkaufen zum Wohlfühlen, wie man es zu Hause nicht bekommt und erfährt. Schon allein deshalb hatte sich mein Victoria's Secret-Besuch durchaus gelohnt. Ich wurde im Übrigen fündig und war pünktlich 20 Minuten später fertig und wartete am Treffpunkt.

Nach dem Bezahlen holten wir uns noch einen Iced Kaffee bei Starbucks ein Stockwerk tiefer und steuerten wieder in Richtung Auto. Da das Eis auch hier wie schon in Old Town pro Kugel sechs Dollar kostete, wollten wir welches im Supermarkt auf dem Rückweg holen, um es im Hotel zu genießen. Das hatten wir den Kindern am Tag zuvor ja auch so versprochen...

Die Beine schmerzten nun wirklich sehr und wir hatten eigentlich alles ganz gemütlich und ohne Stress gesehen. Das war so ja auch der Plan gewesen...

Im Supermarkt Ralphs, wo wir uns schon für das Frühstück zwei Tage zuvor eingedeckt hatten, hielten wir an und holten nicht nur Eis, sondern auch leckere warme Hühnchenteile für unseren Lunch. Noch ein paar Cookies für unser Krümelmonster Sophie, Wasser als Vorbereitung für unseren Trip in die Wüste am morgigen Tag, Wein und eben das Eis machten unseren Einkauf komplett.

Zurück im Hotel machten wir zunächst ganz gemütlich Mittag und dann eine kleine Pause. Die Kinder wollten zwar sofort in den Pool, doch das soll man nach dem Essen ja nicht gleich. Der Papa schlief sogar kurz ein, bevor er durch Katharina wieder geweckt wurde.

Die Kinder hatten es geschafft, unsere Ruhepause war vorbei und wir gingen nun endlich in Richtung Pool. Dort war bereits jede Menge los. Das hätte ich nicht gedacht, denn schließlich ist man ja in San Diego und nicht hier, um am Pool zu liegen. Aber es war Samstag, das Hotel ausgebucht und wahrscheinlich hatten mehrere denselben Gedanken gehabt wie wir.

So ganz entspannend war der Nachmittag dann nicht, weil einfach zu viel los war. Wir verspeisten irgendwann unser Eis und machten uns um halb sechs von dannen. Gemütlich machten wir uns für das Abendessen fertig. Lange hatten wir darüber nachgedacht, was wir heute diesbezüglich machen wollten, doch immer wieder kamen wir auf das Café Coyoté. Hier hat es nun zweimal super geschmeckt und die Auswahl war riesig. Viel los war zudem überall, denn heute gab es nicht mal im Parkhaus mehr einen Platz. Samstagabend, dasselbe wie am Vorabend und so ruhig wie am Donnerstagabend war es schlichtweg nicht mehr.

Wir mussten dann auch etwas länger an mittlerweile schon „unserem" Stamm-Café Coyoté anstehen, doch heute waren wirklich überall vor den Restaurants noch längere Schlangen als am Freitagabend. Und das bereits um halb sieben! Die Amerikaner praktizieren das mit dem Abendessen auch ähnlich wie wir und nicht wie die Franzosen, die ja selbst mit Kindern erst um neun Uhr zum Essen gehen. Das konnten wir bei unseren Urlauben in Frankreich ständig beobachten. Nach den prognostizierten 15 bis 20 Minuten Wartezeit, nachdem wir uns am Empfang am Ende der Schlange angemeldet hatten, ging es dann aber doch schnell und keine fünf Minuten später saßen wir an unserem Tisch. Es war nicht derselbe wie die zwei Abende zuvor, sondern diesmal in einem Seitenflügel direkt am offenen Fenster. Auf vier Bildschirmen flimmerten vier verschiedene Sportarten und wir bestellten.

Es schmeckte erneut und wie erwartet ausgezeichnet und im Anschluss daran machten wir uns dann sofort auf den Weg nach Hause ins Hotel. Das war gerade einmal eine Stunde später und heute war es noch hell, als wir zum Auto gingen. Das hatten wir am Hügel geparkt, wo wir schon am ersten Abend einen Platz gefunden hatten. Ein klein wenig weiter mussten wir allerdings gehen, doch das tat mit dem vollen Magen eher gut – einfach noch ein wenig Bewegung zu haben.

Zurück im Hotel durften die Kinder noch ein wenig auf ihren Geräten spielen, bevor es dann für sie ins Bett ging. Wir ließen unseren letzten Abend in San Diego erneut gemütlich auf dem Balkon bei einer guten Flasche Wein ausklingen. Drei wunderschöne Tage in der bisher für mich schönsten Stadt unserer Reise gingen zu Ende. Zum ersten Mal fiel mir der Abschied doch schwer. Wir hatten zwar noch ein Drittel unserer Reise vor uns, aber hier war es einfach nur perfekt. Wir würden wiederkommen. Das nahmen wir uns fest vor. Vielleicht auch bei der Greencard-Lotterie mitmachen.

Doch ist das Leben in den USA für uns Europäer erstrebenswert? Bei aller Lockerheit und positiver Lebensstimmung darf man nicht die Probleme dieses Landes übersehen. Wo die Schulen an jedem Ausgang von Sicherheitsbeamten bewacht und die Schüler nach Waffen gescannt werden, wie wir es an einer Schule mitten in Hollywood, also nicht im Elendsviertel von L.A., gesehen hatten.

In einem Land, in dem Lehrer in Lebensgefahr sind, allein weil sie Lehrer sind und deshalb gemeinsam mit den hochgradig gefährdeten Berufsgruppen Polizist und Feuerwehrmann mit 55 Jahren in Rente gehen dürfen.

Ein Land, in dem jeder Erwachsene statistisch gesehen drei Schusswaffen besitzt und in dem Meinungsverschiedenheiten durchaus mit der Waffe oder mit Gewalt gelöst werden.

Ein Land, das gegen solche Umstände aktiv nichts unternimmt... Das ist eigentlich der Grund, warum der rosarote Blick durch die Urlaubsbrille getrübt wird und wir den Kindern eher doch nicht ein solches Leben zumuten würden.

Dann lieber wieder nur den Urlaub hier verbringen.

Und irgendwann auch wieder in San Diego. Hier gibt es noch viel zu entdecken und zu erleben. Wir werden sehen...

Aus Sophies Tagebuch...

Am fünfzehnten Tag sind wir in die Innenstadt und hier spazieren gegangen. Dabei haben wir ein Baseballstadion gesehen. Dann sind wir wieder zurück ins Hotel gefahren. Anschließend sind wir in den Pool.

Am Abend sind wir in das gleiche Restaurant wie vorgestern und gestern. Danach sind wir zum Auto und sind zum Hotel gefahren. Am Ende des Tages ging es wieder ins Bett.

Tag 16: Bye, bye San Diego! Auf in die Wüste!

Heute geht unsere Reise weiter in die Wüste. Wir verlassen unser lieb gewonnenes San Diego, den Pazifik und fahren los in Richtung Grand Canyon. Weil die Strecke aber auf einen Rutsch von San Diego aus zu weit ist, haben wir einen Zwischenstopp in Lake Havasu City im London Bridge Resort eingeplant. Das ist heute unsere weiteste Strecke, es sind etwa 500 Kilometer zum Großteil quer durch die Wüste, die wir hinter uns bringen müssen.

Doch zunächst machten wir uns fertig und frühstückten noch einmal mit Blick auf die Bay. Da wir heute relativ früh wach waren, waren wir schon um acht Uhr dabei und nachdem alles verstaut und zusammengepackt war – nach drei Tagen sammelte sich doch mehr an als bei nur einer Übernachtung – verabschiedeten wir uns von diesem wunderschönen und einfach bombastisch zwischen Marina und Bay gelegenen Hotel. Es war auch nicht billig, genau genommen das teuerste auf der gesamten Reise, doch das war es definitiv wert gewesen.

Etwas schwermütig war ich schon, hier hätte ich es definitiv noch länger ausgehalten. Zumal es hier ja auch noch so einiges gibt, das man unternehmen könnte.

Wir kannten unser Ritual allerdings nun seit zwei Wochen, unser Leben auf der Reise und aus dem Koffer. Ich war wirklich überrascht, wie wunderbar das klappte. Kleidungstechnisch hatte ich für jeden definitiv genug dabei und da wir uns nicht überall immens ausbreiteten, hatten wir immer gleich zusammengepackt. Noch passte alles bis auf die bis jetzt angesammelte Schmutzwäsche in die drei Koffer. Die Tüten mit der Wäsche ließen wir, wie schon erwähnt, im Auto. Die würden wir zum Schluss irgendwo unterbringen. Notfalls kauften wir uns noch ein Gepäckstück dazu.

Wir fuhren also aus San Diego raus und genossen ein letztes Mal den gediegenen Verkehr in der Millionenstadt. Als nächstes kam das Hinterland, das landschaftlich gesehen eher uninteressant ist. Viele Hügel, eher karg, doch es sollte noch anders kommen. Ich nutzte die erste Zeit zum Schreiben und anschließend spielte ich ein wenig Navigationsgerät, da unser Navi uns partout nicht so leiten wollte, wie wir fahren wollten.

Die Route von San Diego nach Lake Havasu hatten wir uns sehr lange überlegt. Es gibt drei verschiedene Optionen: eine geht unterhalb vom Joshua Tree

Nationalpark, eine oberhalb durch 25 Palms und Wonderland Valley und die andere, die längste, ganz oben im Norden entlang. Man kann auch durch den Joshua Tree Nationalpark fahren, doch wir hatten uns bewusst dagegen entschieden, weil die Fahrt an sich schon lange ist und etwa fünf Stunden dauert. Wie bereits erwähnt, ist das heute die längste Etappe am Stück der ganzen Rundtour.

Hier sahen wir auch mitten in der Landschaft in der Nähe von San Bernadino immense Betongebilde als Highway-Zubringer und –Abfahrten ähnlich wie bereits in Los Angeles. So wie dort, doch war es in L.A. mitten in der Stadt, baut man hier kein gewöhnliches Highway-Kreuz wie es bei uns in Europa Autobahnkreuze gibt. Nein, es sind hoch- und tiefgelegte Straßen auf Betonpfeilern, über die man bei sich kreuzenden Highways die Route wechselt oder beibehält. Warum also einfach, wenn es auch viel komplizierter geht? Wenn ich da nur an all die Probleme mit deutschen Brücken denke, müssen diese Gebilde auch ziemlich wartungsintensiv und teuer sein.

Die Kinder hielten sich ganz tapfer und wacker. Ein Segen waren sämtliche iPods und iPads, denn eine solche Fahrt war für Kinder schlicht und ergreifend langweilig. Zumindest so konnten sie sich diese Zeit dann entsprechend vertreiben. Aber irgendwann wird selbst das zu langweilig und gerade die Jüngste fing dann an, uns ein wenig auf die Nerven zu gehen.

Noch war das aber nicht der Fall, das kam erst später. Zunächst stand eine Premiere an. Zwischen Banning und Morongo Valley legten wir einen kurzen Toilettenstopp ein und tauschten den Fahrer- und den Beifahrersitz! Jawohl, ich fuhr nun unser Auto – das Schiff! In den Städten und auf dem Highway Number One, wo definitiv mehr los und Verkehr war, hatte ich mich, ehrlich gesagt, nicht getraut. Doch hier war die Straße sehr übersichtlich und ich konnte mich in Ruhe mit dem Ungetüm vertraut machen.

Wir fuhren eigentlich schon durch die Wüste, zumindest ließen die Temperaturen diesen Gedanken zu. Auf dem Rastplatz, auf dem wir den Fahrertausch vornahmen, waren es bereits an die 40 Grad und der Wind war heiß. Ich fuhr uns entlang des Joshua Tree Nationalparks durch Yucca Valley durch. Ein Ort ähnlich wie Palm Springs mitten in der Wüste.

Die Häuser hier brauchen sich über Gartengestaltung keine Gedanken machen, überall gibt es nur

Sand und Pflanzen, die auf dem kargen Boden gedeihen, und ein Aufenthalt im Freien ist hier bei mittlerweile über 40 Grad schlicht unmöglich. Und hier wohnen und leben Menschen, das ist eine komplette Stadt mit Einkaufsmall und allem, was dazugehört. Für uns ist das unvorstellbar. Dass die Kinder einfach mal mittags nach den Hausaufgaben nach draußen ins Freie gehen, funktioniert aufgrund der viel zu hohen Temperaturen für jegliche Aktivitäten draußen schlichtweg nicht.

Weiter ging unsere Fahrt: Rechter Hand wies ein Schild in den Nationalpark. Doch auch hier in dieser Gegend, vor, in und nach Yucca Valley, standen lauter Joshua Trees am Straßenrand, sodass man nicht unbedingt in den Park fahren musste, um die Flora zu bestaunen. Die Landschaft wurde nun immer bizarrer und nach dem Ort 29 Palms, der seinen Namen der vorhandenen Anzahl an Palmen verdankt, stand ein weiteres Schild: 100 Meilen lang kein Service! 100 Meilen durch the Middle and Nowhere – durch die Mitte ins Nirgendwo... Und ich war in dieser Einsamkeit am Steuer.

Schon am Tag zuvor hatten wir uns ja im Supermarkt in San Diego mit ausreichend Flüssigkeit und auch mit Kleinigkeiten zum Essen für die Fahrt durch die Wüste ausgestattet. Man weiß ja nie, was kommt, und Wasser ist bei einem solchen Trip einfach das Wichtigste.

Die Straße hatte manchmal lustige Kuppen nach oben und dann ging es wieder nach unten, ansonsten ging sie kerzengerade in Richtung Nirgendwo. Wir hatten erneut die Weite vor Augen. Doch diesmal nicht im strahlenden Blau des Pazifiks, sondern in braun und beige - das Wüstenmeer. Sand, Sand und noch mehr Sand und sonst nichts als ewige Weite und eine Straße mittendurch.

Landschaftlich war das zumindest zu Beginn sehr interessant und auf der Straße war in unsere Fahrtrichtung nichts los. Den Tempomat hatte ich auf 70 Meilen pro Stunde eingestellt, das sind etwa 100 Kilometer pro Stunde, die erlaubte Geschwindigkeit. Schnell kam jetzt aber der Moment der Eintönigkeit und Monotonie. Meilenweit war keine Menschenseele, dann kam uns wieder ein Schwung Autos entgegen. In unsere Richtung war nach wie vor nichts los. Wir vermuteten, dass die Leute aus Kalifornien ihr Wochenende irgendwo am Colorado River verbracht hatten und nun wieder in Richtung nach Hause fuhren. Heute war ja Sonntag, das sei am Rande erwähnt.

Katharina wurde es nun langweilig, die öde Landschaft interessiert ein Kind auch nicht wirklich. Der Temperaturrekord lag mittlerweile bei 113 Grad Fahrenheit, das entspricht 45 Grad Celsius. In San Francisco vor ein paar Tagen waren es dagegen 57 Grad Fahrenheit, gerade einmal 14 Grad Celsius...

Irgendwo tauchte plötzlich im Nirgendwo eine Eisenbahnschiene auf und ein paar Waggons eines Güterzuges waren auf einem Abstellgleis abgestellt. Später kreuzte dann eine andere Zugstrecke und uns begegnete ein fahrender Güterzug auf den Schienen neben dem Highway. Auch er fuhr mitten durch das Nirgendwo. Unsere Fahrt schien kein Ende zu nehmen, die Landschaft war unverändert weit und karg.

Kurz vor Ende der 100 Meilen fuhr ein LKW vor uns und hinter ihm hatten sich bereits drei Autos eingereiht. Die ersten Autos vor uns seit einer halben Ewigkeit. Doch ein Überholen war aufgrund der einspurigen Straße und des zunehmenden Gegenverkehrs hier nicht möglich. Bald waren nun aber die besagten Meilen endlich vorbei und es tauchte eine Tankstelle und somit wieder so etwas wie Zivilisation auf.

In der Ortschaft Parker, die bereits am Colorado River liegt, wechselten wir wieder und ich war erneut der Beifahrer. Das Fahren war kein Problem und richtiggehend easy in der Wüste. Doch die Eintönigkeit machte auch müde und ich war froh, das Steuer wieder abgegeben zu haben.

Die Temperaturen lagen auch hier bei 45 Grad Celsius und wir steuerten nun in Richtung Norden am Colorado River entlang hin zum Lake Havasu. Die Kinder freuten sich dort schon auf den Pool. Laut Reiseunterlagen sollte es sogar eine Wasserrutsche geben. In Anbetracht der Temperaturen und der nicht mehr allzu weiten Distanz schwante mir aber gerade bezüglich der Temperaturen Schlimmes...

Die Landschaft war nun schroff und hügeliger, stahlblau schlängelte sich der Colorado River neben der Straße entlang in entgegengesetzte Richtung. Direkt am Fluss ist es besiedelter. Es gibt hier viele Ferienanlagen und die Menschen fuhren Boot und Wasserski auf dem Fluss.

Nach fünfeinhalb Stunden Fahrt durch Wüste, Sand, Geröll und weites Land kamen wir letztendlich in Lake Havasu an. Die Temperatur betrug hier sage und schreibe 46 Grad Celsius und nach dem Aussteigen aus dem Auto traf einen fast der Schlag. Ich bin ein Sommermensch, der die Wärme liebt, doch diese Hitze war unerträglich. Im Hotel herrschte natürlich eine angenehme klimatisierte Kühle. Doch wir waren enttäuscht. Wir hatten uns hier und vor allem für den Preis von 200 Dollar pro Nacht definitiv mehr versprochen. Doch das Hotel entpuppte sich als heruntergekommen: Es war alt und in einem baulich schlechten Zustand. Das war nicht das, was wir uns unter einem Resort vorgestellt hatten. Überall waren Schäden am Boden und an den Wänden zu erkennen. Die Klimaanlage und eine Lampe funktionierten im Zimmer nicht beziehungsweise nicht richtig.

Wir gingen an die drei Pools. Die Wasserrutsche war sehr steil und brachte nur Sophie einigermaßen zum Lachen. Sehr schnell kam eine Dame des Hotels zu mir und fragte, ob die Mädels keine Bikini-Oberteile dabei hätten. Sie seien ja keine Babys mehr und das wäre hier Pflicht. Ich wunderte mich doch sehr, denn eine Acht- und Fünfjährige sind schließlich noch nicht in der Pubertät und haben noch absolut keine Ansätze von weiblichen Formen.

Kurzum, wir waren nun in Arizona und hatten den Sunshine State Kalifornien verlassen. Und irgendwie fing es bereits jetzt schon an, mich zu nerven. Vielleicht lag das auch an der langen Fahrt und an der Erkenntnis, dass das Hotel ein Fehlgriff war. Es sollte aber noch besser kommen.

Wir gingen an einen anderen Pool, der war allerdings direkt an der überlauten Bar und verschmutzt ohne Ende. Hier gingen die Leute in voller Montur und angekleidet ins Wasser und da hörte für uns der Spaß definitiv auf. Das Wasser war trübe, man konnte die Bakterien förmlich schwimmen sehen. Raus hier, nur schnell raus hier.

Der dritte Pool war klarer. Natürlich blieb bei den Temperaturen das Chlor nicht im Wasser und verdampfte schneller, als es zugeführt wurde. Man konnte sich auch nicht an den Steinen am Beckenrand festhalten, geschweige denn über die Metallleitern ins Wasser steigen. Alles war bei der sengenden Hitze einfach nur glühend heiß.

Hier hielten wir es im badewannenwarmen Wasser und im Schatten dennoch einigermaßen aus. Was sollten wir sonst tun? Unser Zimmer reizte uns nicht wirklich. Um fünf Uhr reichte es uns dann aber und als erstes duschten wir uns die Bakterien vom Leib. Das Hotel war wirklich eine Enttäuschung. Das war kein Resort, sondern ein Schuppen. Die Poollandschaft – ebenfalls eine einzige Enttäuschung und gerade auf die hatten wir uns gefreut.

Überlaute Musik drang von der Bar ins Zimmer. Das konnte heiter werden. Eine Beschwerde an der

Rezeption und der Wunsch nach einem Zimmerwechsel zeigten kein Ergebnis. Es gab kein anderes Zimmer für uns. Morgen um neun Uhr hatten wir einen Termin bei der Managerin. Jetzt gingen wir erst einmal etwas Essen. Ein paar Restaurants hatte es hier ums Eck. Also raus in die Hitze...

Und zumindest das war ein Volltreffer. Ein kleines Schnell-Imbiss-Pizza-Restaurant, in dem es schon beim Hineingehen lecker nach Pizza duftete. Und die schmeckte auch lecker. Man kann sie mit einer guten Holzofenpizza von unserem Heimlieferant zu Hause durchaus messen. Über der Tür hing eine Uhr in Pizzaform, die fiel sofort den Kindern auf. Eine Salamipizza war das und die Salamischeiben waren die Stunden.

Draußen ging langsam die Sonne unter, es bestand also Hoffnung, dass es nicht mehr brütend heiß und vor allem so drückend wie in der Sauna sein würde. Doch weit gefehlt, es waren immer noch 39 Grad. Bei dieser Temperatur trotteten wir zur London Bridge, die berühmte Brücke in Lake Havasu City, die aus London stammt, daher auch der Name. Dabei handelt es sich um die partielle Rekonstruktion eines gleichnamigen, in den 1960er Jahren abgebauten Londoner Brückenbauwerks.

Von hier aus hatte man neben dem Blick auf das Hotel, nein den Schuppen, einen schönen Blick auf den gestauten Colorado River und die Wüstenberge im Hintergrund. Über einem türmte sich eine orangefarbene Wolke spektakulär in die Höhe. Die Sonne ging unter.

Die Kinder wollten etwas über die Geschichte der Brücke wissen und wir lasen kurz das an der Brücke befestigte Schild durch. Es ging zurück in das Hotel und wie bereits vermutet, war noch jede Menge Party an den Pools angesagt, sodass von Ruhe im Zimmer keine Rede sein konnte. Ich vermisste das beschauliche San Diego. Ich vermisste es bei diesem krassen Gegensatz wirklich. Das hier war schlicht Malle in Arizona und Party pur.

Der Tag endet hier also mit einer Enttäuschung, wir hatten uns hier vor einem Dreivierteljahr bei der Buchung deutlich mehr versprochen. Damals gab es auch keine negativen Kritiken im Internet. Als wir heute aber eine Seite aufgerufen hatten, stand da genau das, was wir hier gerade auch erleben.

Wir lassen uns dennoch nicht unterkriegen. Diese Nacht bekommen wir irgendwie rum. Auch ohne Wohlfühlgefühl. Denn das sucht man hier vergebens. Der Appetit auf eine Flasche Wein ist mir hier ehrlich gesagt auch vergangen. Ich schaue jedoch nach vorne, denn morgen geht es an den Grand Canyon, unser nächstes Ziel. Die Unterkunft dort ist eher einfach, doch das wissen wir ja schon im Voraus. Etwas anderes gibt es dort halt nicht. Dafür passt dann auch der Preis. Hoffentlich. Zumindest sind die Temperaturen dort auch wieder niedriger.

Genug für heute. In drei Wochen eine Enttäuschung ist verkraftbar. Dafür war die Fahrt mitten durch die Wüste und zum Schluss entlang des stahlblauen Colorado River etwas ganz Einmaliges. Unvergesslich zumindest für uns Erwachsene. Und ich bin heute selbst mit dem Auto gefahren! Wir gehen ins Bett, in der Hoffnung schlafen zu können. Immerhin wird um Punkt zehn Uhr die laute Musik an der Bar, in der sich eh kein Mensch mehr befindet, ausgeschaltet.

Aus Sophies Tagebuch...

Am sechzehnten Tag sind wir durch die Wüste und in ein Hotel, das mitten in der Wüste liegt, gefahren. Dort angekommen, sind wir in die Pools. Es gibt hier nämlich drei Stück. Die Unterkunft fand ich echt schlecht, weil der Fußboden schief war und die Pools waren so schmutzig. Die Leute sind mit allen Klamotten da reingegangen.

Am Abend sind wir zum Pizzaessen gegangen. Da habe ich eine Pizza-Uhr gesehen.

Danach sind wir wieder ins Hotel gelaufen und dort sind wir ins Bett. Bis zehn Uhr war es noch sehr laut am Pool.

Tag 17: Grand Canyon oder Deutschland ist ein Dorf

Wider Erwarten war die Nacht doch ganz in Ordnung. Ohne Zudecke fror ich trotz nicht richtig funktionierender Klimaanlage irgendwann sogar ein wenig und musste mich zudecken. Da die Musik ausgeschaltet worden war, war es auch wunderbar ruhig. Morgens um halb acht folgte dann die Rache des lieben Gottes: Es donnerte, wovon vier von uns wach wurden. Aber wir sind ja früh ins Bett und der liebe Gott schmiss so alle partywütigen, die Nacht durchmachenden und mit kompletter Bekleidung in einen Pool springenden Leute aus dem Bett. „Das ist perfekt!" dachte ich mir.

Außerdem ist ein Gewitter hier in der Wüste ein Spektakel. Bei den über 40 Grad gestern, die ja nicht schwül, sondern trocken-heiß waren, folgt nun eine radikale Abkühlung, der Himmel ist bewölkt und es regnet! Regen in der Wüste, auch das durften wir erleben! Die Gegensätze in diesem Land schlugen einmal wieder zu. Heute in Form der Temperatur- und Wetterbedingungen.

Uns konnte das egal sein. Wir gingen jetzt erst einmal zum Frühstück und anschließend geht es weiter: Heute steht der Grand Canyon auf dem Programm und eine interessante Fahrt bis an unser Ziel...

Das Frühstück selbst gab es in einem anderen Teil des Hotels, der eher an ein Fast-Food-Restaurant erinnerte. Es war okay, nichts besonderes, aber wir wurden satt. Am Ende fragte uns eine andere Frau, die gehört hatte, dass wir aus Deutschland kommen, ob wir zufällig den Familiennamen „Bekel" kennen würden. Ihre Vorfahren hätten wohl irgendwann so geheißen. Auf die Frage, woher diese Vorfahren stammten, meinte sie: „Keine Ahnung, irgendwo aus dem Westen." Hallo, Deutschland ist kein Dorf! Doch, wohl schon in den Augen der Amerikaner. Gut, im Vergleich zu ihrem riesigen unendlich weiten Land ist Deutschland ein Winzling, aber doch kein Dorf und man kennt auch nicht jeden beim Namen! Wir konnten der Dame deshalb leider nicht weiterhelfen.

Nach dem Frühstück gingen wir dann mit den gepackten Sachen erst einmal zum Auschecken an die Rezeption. Automatisch wird man hier ja immer gefragt, ob man zufrieden war. Das ist eher eine Floskel und eine Beschwerde wird nicht erwartet. Kommt die dann doch, ist man völlig unsicher und die Mitarbeiter an der Rezeption wissen nicht genau, wie sie nun mit einer solchen Problemkonfrontation umgehen sollen. Wir brachten unseren Unmut über die Gesamtsituation hier vor, denn die Managerin war noch nicht da und wir wollten keine Minute länger hier verbringen.

Das Ergebnis waren viele Entschuldigungen – „I am so sorry." – und eine Ermäßigung in Höhe von 50 Dollar. Na, immerhin. Aber in unserem Fall war das doch zumindest ein Entgegenkommen. Nichts wie los jetzt aber. Von diesem Hotel, nein Möchtegern-Resort, hatten wir nun wirklich genug. Los ging es in Richtung Kingman, das auf unserer Strecke in Richtung Grand Canyon liegt.

Mehrmals sahen wir unterwegs Wohnmobile, die, um mobiler zu sein, einen Jeep oder ein ganz normales Auto hinten angehängt und so immer mit dabei hatten. Jetzt wird das Auto aber nicht etwa auf einem Anhänger transportiert, sondern hängt eben direkt hinten ohne eigenen Anhänger am Wohnmobil dran. Und auf einem Auto befanden sich hinten am Kofferraum sogar noch Fahrräder! Hier wurde also an alles gedacht. Das hatten wir so auch noch nie gesehen. Auf europäischen Straßen haben die Wohnwagen oder Wohnmobile mal einen Anhänger dabei. Darauf finden sich dann Motorräder oder einmal sogar ein Smart. Aber das eben beobachtete Transportmodell scheint es nur auf US-Straßen zu geben.

Am Straßenrand in Richtung Norden und Kingman waren auch immer wieder einzelne Gebäude zu sehen, die aber eher verlassen ausschauten. Auf einem Gebäude, das wie eine Baracke anmutete, stand zum Beispiel: „Honolulu Club". Das passte wie die Faust auf das Auge, denn so stellt man sich keinen Club und schon gar nicht in Zusammenhang mit Honolulu vor. Auch einen LKW als Schild auf einem Pfosten oder generell einen LKW, alt und verrostet und vergessen auf einem Hügel liegend, entdeckten wir. Die Landschaft und Gegend waren ganz anders als es in Kalifornien und am Pazifik der Fall war.

Das schönste und außergewöhnlichste Naturschauspiel war der Regen in der Wüste. Wir fuhren nämlich genau in Richtung der Gewitterwolke, die am Morgen noch die Partygänger in Lake Havasu geärgert hatte. Und hier war auch noch eher Wüste und eine karge Gegend vorzufinden. Beeindruckend waren die Temperaturgegensätze. Gestern waren es ja 113 Fahrenheit, also 46 Grad Celsius. Heute waren es hier in der Wüste gerade mal noch 67 Fahrenheit, das sind nur noch 19 Grad Celsius! Und das gerade einmal zwölf Stunden später!

Hinter Kingman fuhren wir nun auf einen der historischen Abschnitte der Route 66. Und schon vor Kingman ging die Wüste langsam in fruchtbareres Gebiet über. Kein Sand mehr, es gab grünere Flächen mit niedrig wachsenden Pflanzen. Auch auf der Route 66 sah es so aus. Fast die gesamten 80 Meilen dieses Abschnitts begleiteten uns Zugschienen neben der Straße und immer wieder standen hier abgestellte Züge wie vergessen mitten in der Landschaft. Der ein oder andere ellenlange Zug mit doppelt gestapelten Containern fuhr dann aber. Doch dann kam wieder ein – und diesmal verrosteter – Zug auf dem Abstellgleis. Der schien hier wohl schon länger zu stehen.

Gleich zu Beginn beobachteten wir linker Hand, wo der Colorado River verläuft, aufsteigende Wolken, ein wunderschönes Naturschauspiel. Hier befand sich anscheinend wieder eine gestaute Stelle des Flusses und genau hier stieg Wasserdampf nach oben – verursacht mit Sicherheit aufgrund der immensen Temperaturunterschiede.

Lustige Schilder am Straßenrand vertrieben ebenfalls die Fahrtzeit. Auf einem stand beispielsweise „Roses are pink", Rosen sind rosa. Oder „Love Mother Earth, don't litter", was soviel heißt wie: „Gehe liebevoll mit der Mutter Erde um und verschmutze sie nicht".

Die Verschmutzung der Natur steht an den meisten Fällen sowieso unter Strafe. Ein Bußgeld zwischen 100 und 500 Dollar wird für das Wegwerfen von Müll an High- und Freeways fällig. Doch das ist nicht überall der Fall und hier in dieser Gegend landeten dann leider auffällig viele Essutensilien aus sämtlichen Fast-Food-Restaurants im Straßengraben.

Wenn man in den USA wenigstens mit allem so konsequent wäre und dann auch einheitlich mit einem solchen Thema umgehen würde. Auf der einen Seite produziert man Müll ohne Ende, verschwendet Plastiktüten und -behälter in rauen Mengen – und spart vermeintlich Wasser durch den Einsatz von Plastik- und Pappgeschirr – und auf der anderen wird penibel auf die Umwelt geachtet und das Wegwerfen von Müll wird hart bestraft. Schon wieder ein Land der Gegensätze.

Bizarre Felsformationen begleiteten weiter unseren Weg in Richtung Williams. Wir fuhren durch ein Indianerreservat-Gebiet und die Berge sahen hier aus wie riesige Steinhaufen. Keine Felsen, sondern einfach größere Steine auf einem riesengroßen Haufen angehäuft. So ein ähnliches Prinzip hatte ich auch bei den Häusern vor allem in Lake Havasu City am Morgen beobachtet. Da wurde einfach Kies aufgeschüttet, verfestigt und darauf ein Haus gebaut. Wenn hier jemand am Kies oder Schotter-/Sandgemisch buddeln würde, würde das ganze Haus einstürzen. So ganz stabil sah das nicht aus. Die Fertig- und Holzbauweise hat hier ebenfalls den Vorrang. In ganz Kalifornien habe ich noch keine andere Vorgehensweise beziehungsweise Häuser in Steinbauweise gesehen.

Vor Williams wurde es immer grüner. Ich wunderte mich, warum es hier nicht mehr Ansiedlungen gibt. Ein so weites, unendliches Land, das zudem noch fruchtbar ist. Hier könnte man doch eher leben als in der Wüste, wie wir es gestern gesehen haben? Bei Williams wurde es sogar waldig. Wir hatten die historische Route 66 hinter uns gelassen und steuerten nun auf das Eingangstor zum Grand Canyon zu.

Da diese lange Autofahrerei am Tag zuvor und heute für die Kinder ja langweilig und nur mäßig interessant war, hatten wir uns vor dem Grand Canyon noch einen besonderen Leckerbissen für die Drei ausgedacht. Und zwar gibt es hier einen naturbelassenen Tierpark mit Wölfen und Bären, durch den man mitten durch die Landschaft, in der die Tiere sich befinden und leben, wie bei einer Safari mit dem Auto fahren kann. Da wir uns am Morgen im Hotel ja über die Zustände beschwert hatten, wurde unsere Rechnung um 50 Dollar reduziert. Die setzten wir nun in den Eintritt für Bearizona um und schlugen noch einmal 20 Dollar drauf.

Dafür erlebten wir und insbesondere die Kinder ein Spektakel sondergleichen. Waren wir am Morgen noch in der Wüste in diesem mäßigen Hotel, so hatten wir in der Zwischenzeit eine gute Distanz zurückgelegt – und schwupp – befanden wir uns hier im Bearizona-Park. Gleich um ein Uhr gab es eine Vogelschau mit Falken und Eulen. Die schauten wir uns an. Sie fand in einem Bereich statt, den man zu Fuß erkunden kann. Hier gibt es neben den Raubvögeln auch noch Füchse, Wildschweine, und viele andere hier heimische Tiere zu betrachten.

Die Vogelshow endete leider schon nach dem zweiten Vogel, einem Falken, da dieser während der Vorführung einfach mal ausgebüxt war. Vor dem nächsten Vogel musste der Ausreißer aber erst wieder eingefangen werden und da es gerade anfing zu regnen, meinte die freundliche Dame, dass es später weitergehen würde. Sie entschuldigte sich vielmals, aber für den Regen konnte sie ja nichts.

Wir gingen zurück zum Auto und warteten den Schauer hier ab. Dann kam der eigentliche Höhepunkt, nämlich die Einfahrt in den Park. Auf den restlichen Teil der Vogelshow verzichteten wir dafür. Die Kinder waren ganz interessiert beim Thema dabei und suchten im Gelände ganz begeistert nach den jeweiligen Bewohnern. Wir sahen Bergziegen, Wölfe und Bisons in freier Natur und teilweise direkt neben dem Auto stehend. Am meisten begeisterte ein Bison die Kinder, der mal für kleine Bisons musste. Ein anderer stand mitten auf der Straße und bewegte sich ganz gemütlich auf die andere Seite. Wir standen mit unserem Auto praktisch mittendrin in freier Wildbahn.

Dieses Gefühl wurde dann noch bei den Braun- und Schwarzbären übertroffen. Hiervon liefen jede Menge durch die Gegend oder schliefen irgendwo und dösten vor sich hin. So nah kommt man einem Bären sonst nicht, auch nicht in einem Zoo. Zumal er sich hier auf einem großen Areal in seinem gewöhnlichen Lebensumfeld befindet. Den Kindern gefiel es so gut und sie waren dermaßen begeistert, dass wir gleich noch eine zweite Runde durch den Park drehten. Für den Eintrittspreis kann man nämlich so oft durchfahren und so viele Runden drehen, wie man möchte. Nach der ersten Runde gab es noch fünf Aufkleber, für jeden von uns einen, und dann ging es los mit der zweiten Tour.

Die Tiere waren nun wacher, da es sich draußen in

der Zwischenzeit etwas abgekühlt hatte. Wir hatten so um die zwanzig Grad, eine Wohltat nach gestern aber auch unwirklich, weil das weniger als die Hälfte der gestern verspürten Temperatur in der Wüstenhitze war. Nach der zweiten Runde und erneuten beeindruckenden Erlebnissen im Lebensumfeld der Tiere – man musste natürlich die ganze Zeit im Auto bleiben und Fenster und Türen geschlossen halten – fuhren wir noch kurz nach Williams zum Tanken, und um eine Kleinigkeit zu essen.

Beim KFC, Kentucky Fried Chicken, wurden wir fündig und das reichte vorerst. Hier wurden wir dann auch mal wieder für unsere Kinder gelobt: „You have so nice children, they behave so well!" meinte eine ältere Dame. Unsere Kinder seien ganz toll und würden sich prima benehmen. Na denn. Es war nun bereits halb vier und bis zum Grand Canyon noch knapp eine Stunde Fahrtzeit.

In diese Richtung ging es direkt in dunkle Gewitterwolken hinein und kurz vor dem Nationalparkeingang regnete es ziemlich heftig. Wir schauten uns an und dachten dann, dass der Grand Canyon bei Regen nun auch etwas Besonderes sei. Draußen waren es gerade mal noch 14 Grad – was für ein Unterschied zu gestern! Am Parkeingang begrüßten wir den abkassierenden Herrn damit: „Hey, wir bringen das schlechte Wetter mit!" Wir bezahlten die 25 Dollar Eintritt. Er bedankte sich lachend dafür und wünschte uns viel Spaß.

Und was soll ich sagen? Als wir an unserer Lodge ankamen, wurde es bereits heller und der Regen ließ nach! Nach dem Ausladen des Autos und Beziehen des Zimmers kam sogar die Sonne raus! Wir zogen uns trotzdem etwas Wärmeres an, denn unsere Sommerkluft vom Lake Havasu war hier nicht angebracht. Anschließend ging es los in Richtung Rim, die Kante des Grand Canyon oder der Abhang nach unten. Mittlerweile hatte es wieder etwas über 20 Grad, was sehr angenehm war. Und da standen wir nun: am Grand Canyon! Raus aus dem Wald, in dem sich unsere Lodge und das Grand Canyon Village befinden, über ein paar Bahngleise der alten Grand Canyon Bahn hin zum Naturschauspiel allererster Güte! Ein ähnliches Gefühl wie mitten im Pazifik in San Diego oder mitten in Hollywood überkam mich.

Das muss man wirklich mit eigenen Augen gesehen haben. Sämtliche Bilder oder Fernsehsendungen zeigen nicht, wie beeindruckend die Natur an diesem Fleck Erde ist. Es ist einfach unbeschreiblich schön und wir nahmen den Rim Trail, den Weg, der nach unten führt.

Natürlich gingen wir nicht ganz nach unten, das dauert vier Stunden und sind 1200 Höhenmeter. Den Kindern erklärten wir, wie tief das im Vergleich zur Höhe eines Berges ist, denn den eigentlichen Fluss sieht man von hier aus gar nicht. Doch die wunderschöne Felslandschaft sieht man und bekommt sie auch hautnah mit und man kann gar nicht genug davon bekommen. Etwa 45 Minuten gingen wir hinab und das Ganze dann wieder hinauf. Wir waren erneut entsprechend ausgerüstet mit Wasser, wobei die Temperaturen, die normalerweise nach unten immer wärmer werden, sich in Grenzen hielten.

Doch das weiß man im Voraus nicht und ist lieber besser ausgerüstet als zu wenig. Kopfschüttelnd sahen wir andere, die den schmalen Pfad mit Badeschlappen hinunterliefen. Es ist wirklich lebensgefährlich abschüssig und die Kinder blieben schön an der Innenseite. Sie verhielten sich außerordentlich brav und vorbildlich und waren begeistert! Am liebsten würden sie nach unten wandern und wir schmiedeten schon Pläne, beim nächsten Mal eine solche Wanderung mit Übernachtung unten im Canyon wirklich einmal einzuplanen.

Es war nun früher Abend und das Farbschauspiel der Felsen war unbeschreiblich. In der untergehenden Sonne veränderte der Canyon so verschieden und mannigfaltig die Farben, auch das kann man nicht beschreiben. Wir versuchten es zumindest in Bildern festzuhalten. Aufstieg und Rückweg waren easy, die Kinder und wir sind fit und nach der vielen Fahrerei tat die Bewegung einfach gut. Vor allem in dieser unvergesslichen Umgebung! Eine ganz besondere Berg-, nein Schluchtenlandschaft.

Viel zu schnell waren wir wieder oben, doch die Sonne ging langsam unter und es wird hier relativ schnell dunkel. Den Sonnenuntergang sparten wir uns, zumal wieder ein paar Wolken da waren, die dieses Spektakel sicher trüben würden und nur ein einziger Shuttlebus noch zum hierfür geeigneten Aussichtspunkt fuhr. Wir hatten nun sieben Uhr und gingen kurz ins Zimmer, um unsere Jacken zu holen. Es wurde nun nämlich gleich richtig frisch. Zum Abendessen konnten wir in das Restaurant der Lodge gehen. Hier gab es alles Mögliche. Die Atmosphäre glich zwar eher der einer Kantine, doch das Essen war in Ordnung und wir wurden satt. Nun schlug die Müdigkeit voll zu und wir gingen zurück ins Zimmer. Die Kinder gingen nach diesem für sie auch sehr aufregenden und spannenden Tag – mit Bearizona und Grand Canyon-Wanderung – ins Bett. Jeder hatte ein Steinchen vom Canyon mitgenommen, als Erinnerung.

Auch für uns klingt dieser Tag aus. Er ging los mit einem Gewitter, das uns bis zum Grand Canyon begleitete, sich hier in Wohlgefallen auflöste und uns herrliche An- und Ausblicke schenkte. Ein Tag mit einer Naherfahrung mit Tieren in ihrem gewohnten Lebensumfeld, die es so in der Form sonst nicht so schnell wieder gibt, was ein Erlebnis für die Kinder und auch für uns Erwachsene war.

Und ein Tag, der die Gegensätze in diesem Land einmal mehr verdeutlichte. Im Hinblick auf die Temperatur, hier waren sie wirklich grandios zwischen gestern und heute, und in Anbetracht der so wandlungsfähigen und unterschiedlichen und doch immer unendlich weiten Landschaft. Am allermeisten bin ich jedoch vom Grand Canyon und der Erfahrung, diesen hinabzusteigen, beeindruckt. Die USA sind riesig und so gegensätzlich. Ist dann Deutschland dagegen nicht doch eher ein Dorf?

Aus Sophies Tagebuch...

Am siebzehnten Tag sind wir nach Bearizona. Das ist ein Park, in dem es Ziegen, Schafe, Esel, Wölfe, Bison, Rehe und Bären gibt. Davor haben wir uns die Vogelshow angesehen. Die wurde aber leider nicht fortgesetzt, weil ein Vogel namens Spike Reißaus genommen hatte. Außerdem haben wir ein Bison gesehen, dieser Bison hat gepinkelt. Da gab es auch einen Bären, der im Schlaf mit einem Stock gespielt hat.

Danach sind wir zum Grand Canyon Village gefahren und sind zum Grand Canyon gegangen. Dort sind wir ein Stück runter gelaufen in die Schlucht. Am Abend sind wir Essen gegangen. Danach sind wir ins Bett.

Tag 18: Ein fast einsamer Ritt durch die Prärie

Die Maswick Lodge war zwar besser als erwartet und ich war nach einer niedrigen Erwartungshaltung positiv überrascht. Wir hatten allerdings nur ein kleines Zimmer mit zwei Queensize-Betten. Das hatten wir zwar nun schon öfter, doch das Zimmer war wirklich sehr klein. Nach all den Erlebnissen des vergangenen Tages mit Bearizona und Grand Canyon schliefen wir alle nicht besonders gut. Endgültig wach wurde ich, als Katharina mit einem Plumps aus dem Bett der Kinder fiel. Noch bevor sie richtig wach wurde und weinen konnte, hatten wir sie schon in unserem Bett in unsere Mitte genommen.

Doch ich war nun wach und mir kreisten die Erlebnisse des vergangenen Tages ausdrucksstark im Kopf herum. Sophie musste es ähnlich gehen, denn sie seufzte und murmelte im Schlaf vor sich hin. Das hatten wir in Los Angeles schon einmal bemerkt. So findet wohl hier die Verarbeitung des Erlebten statt. Und erlebt hatten wir nun schon wirklich genug in den vergangen Wochen und Tagen. Auch das alles ging mir in dieser Nacht durch den Kopf. Mir wurde auch deutlich bewusst, dass wir uns nun so langsam dem Ende nähern: Der Anteil unserer Schmutzwäsche nimmt zu, während der Anteil der noch übrigen, sauberen Kleidung abnimmt. In Las Vegas ist also umpacken angesagt.

Als Mini-Zwischenbilanz lässt sich aber gerade in Bezug auf die Wäsche und das Gepäck sagen, dass es mit unseren drei Koffern bisher bestens funktioniert hat. Auch heute Morgen haben wir wieder ruck zuck alles zusammengepackt – nachdem wir bei den kurzen Stopps natürlich auch immer nur das Nötigste auspacken – und wir alle fünf sind innerhalb von 20 Minuten komplett gewaschen und angezogen. Das ist alles eine Frage der Organisation, doch nicht nur. Ganz wichtig und warum das auch so gut funktioniert, ist das Alter und die Selbstständigkeit unserer Kinder, für die wir ja auch immer wieder gelobt werden, wie gestern im KFC. Das macht richtig stolz und einfach nur Spaß.

Wir räumten also alles schon mal ins Auto. Draußen regnete es, dieses Wetter war so auch für heute im Grand Canyon Village prognostiziert. Uns war das egal, wir hatten gestern Abend perfekte, grandiose Ausblicke und ziehen heute sowieso weiter. Zu unserer vorletzten Station. Wie gesagt, das Ende naht. Langsam beginnt man auch wieder mehr an zu Hause zu denken. Sophie macht das schon seit San

Francisco immer mal wieder zwischendrin und sie hatte einmal sogar ein klein wenig Heimweh. Unser Hund, der Beagle Benny, fehlt den Kindern, sie erzählen öfter von ihm. Aber auch wir Erwachsene denken an zu Hause und freuen uns so langsam wieder darauf.

Außerdem fällt auf, dass die Tage nun gegen Ende auch wieder schneller vergehen. Haben wir doch die ersten zwei Wochen sehr zeitintensiv erlebt und hatten nicht das Gefühl, dass die Zeit verrinnt, so ist das nun vorbei. Schon ist heute Dienstag, gerade war doch noch Sonntag und wir waren noch am Lake Havasu... Erklären kann ich dieses Phänomen nicht, aber erwähnen möchte ich es.

Im Regen beluden wir das Auto und im Regen gingen wir dann erst einmal rüber in das Hauptgebäude der Maswick Lodge, denn hier gibt es im „Selbstbedienungs-Abfertigungs-Restaurant" das Frühstück. Der Hunger war grundsätzlich nicht mehr so groß, das morgendliche Einerlei hatten alle ein wenig über und die Abwechslung mit dem eigenen Frühstück in San Diego war auch schon wieder ein paar Tage her. Doch der Preis war hier einmalig. Einmalig hoch: Drei Zerealien, etwa ein Liter Milch, zwei Kaffee und zwei Orangensaft sowie zwei Schneckenudeln kosteten uns hier 34 Dollar! Allein der Liter Milch kostete acht Dollar und somit deutlich mehr als ein Liter Cola oder anderes Zuckergetränk. Naja, irgendwo kommt ja auch die eine oder andere Figur bei dem einen oder anderen her. Dazu noch die angeborene Fußkrankheit und das Autofahren bis vor die Haustüre bei dem einen oder anderen US-Amerikaner...

Aber ich schweife ab. Wir frühstückten in Jugendherbergs- beziehungsweise Bahnhofsatmosphäre und wollten gerade aufgrund des schlechten Wetters schnell weiter. Wir starteten in Richtung Ostausgang des Nationalparks an der Rim entlang und hatten trotz Wolken doch noch den ein oder anderen herrlichen Blick auf den Grand Canyon. Beim wunderschönen Ausblick Desert View regnete es leider, dennoch schauten wir kurz runter, denn hier kann man den Colorado River ganz unten im Canyon sehen. Braun schlängelt er sich durch das imposante Tal, die Sedimente, die er mitführt, sind für die Farbe verantwortlich.

Weiter ging es und der Wald ging ebenfalls weiter. Landschaftlich hatten wir es uns zwar anders vorgestellt, doch wir ließen uns gerne überraschen. Der Regen ließ nach und es folgten nun Meilen mit herrlichen Felsformationen, der Wald endete und die Prärie begann.

Hier leben die Navarro-Indianer und überall am Straßenrand sieht man Verkaufsstellen mit Indianer-Schmuck und Büffelfleisch und ihre Ansiedlungen. Natürlich sind das keine Zelte mehr, doch das ursprüngliche Nomadentum erkennt man durchaus noch an den Wohnwagen, die an den ganz einfachen Häuschen stehen. Überall gibt es Weidefläche, doch meist ohne Tiere. Einige Pferde und Rinder waren jedoch zu sehen.

Beste Ausblicke auf das Colorado-Tal und die Schlucht, die sich mitten durch eine riesengroße Ebene zieht, machten die Fahrt zumindest für uns Erwachsene abwechslungsreich. Wobei auch wir irgendwann einfach genug Felsformationen gesehen haben. Die Kinder beschäftigten sich wie gehabt mit ihren Geräten. In den letzten Tagen waren es wirklich viele Kilometer im Auto und sie meisterten das immer noch ohne zu murren. Hut ab.

Unser nächstes Ziel war die Brücke über den Colorado River in der Nähe von Page. Hier ist der Fluss nicht mehr rotbraun, sondern grün, ein paar Boote trieben im gemächlich dahinfließenden Wasser. Beim Aussteigen vertraten wir Erwachsenen uns kurz die Beine und gingen ein Stück zu Fuß über die Brücke. Anschließend überquerten wir sie dann mit dem Auto und fuhren auf der anderen Seite durch unendlich weite Prärielandschaft.

Man kann sich förmlich vorstellen, wie hier auf einer solch unendlich weiten Ebene mit den roten Felsen im Hintergrund die Cowboys und Indianer früher durch die Prärie geritten und dabei mitunter aneinandergeraten sind. Die Farben rot, grün und braun sind hier in dieser Gegend dominierend, wodurch sich ein schönes Farbspiel der Natur ergibt.

Die roten Felsen sind sowieso sehr beeindruckend, da die Hänge aus riesigen, abgebrochenen Gesteinsbrocken bestehen. Mir wird klar, wie es zu der Formgebung und Struktur kommt, denn das Gestein scheint sehr weich und sandhaltig zu sein. Bei einem Erdbeben kommt es so ganz schnell zum Abbruch und Abrutschen von Gestein, was zur geraden Form oben und zu den riesengroßen Brocken, die unten liegen, führt.

Leider fing es kurz darauf ganz heftig an zu regnen. Wir fuhren bei strömenden Regen in Serpentinen einen Berg hoch und hatten von oben leider gar keinen Ausblick auf diese Weite der Prärie und die Ebene, die hinter uns lag. Doch oben angekommen, änderte sich sofort wieder das Landschaftsbild. Neben der einfach unbeschreiblichen Weite, die wir hinter uns gelassen hatten und die ich ja schon öfter erwähnt habe, waren diese abrupten Veränderungen der Landschaft grandios. Gerade waren wir noch in der Prärie, jetzt im Nadelwald und vor uns sprang wahrhaftig ein Reh über die Straße!

Keine Aussicht, Regen und auf Rehe musste man auch noch achten. Und auf Rebhühner, die rannten auch am Straßenrand herum. Bei Katharina machte sich der Schlafmangel bemerkbar und seit Langem schlief sie heute ganz süß in Sophies Armen während der Fahrt.

Wir kamen nach einer geraumen Weile wieder in einen Ort, Kenab. Ein wenig Zivilisation. Doch da seit gestern so gut wie kein Mobilfunk und auch über die ganze Strecke heute keine Netzverbindung vorhanden war, bin ich mir nicht so sicher, ob wir in der Zivilisation waren. Wir befanden uns nun aber in Utah, dem vierten Bundesstaat auf unserer Reise und hatten Arizona verlassen.

Das Thema Mobilfunk am Grand Canyon hat mich sowieso gewundert. Der Tourismus blüht ja hier, das Grand Canyon Village ist großräumig ausgebaut und auch vor dem Nationalpark gibt es eine richtige Infrastruktur. Doch kein Netz weit und breit und das im Land der unbegrenzten Möglichkeiten.

Also wieder ein Punkt auf unserer Liste mit den Grenzen, an die wir so im Laufe der Zeit stoßen: Im Grand Canyon Village und in der gesamten Ecke hier gibt es keinen Mobilfunk! Bye, bye Zivilisation! Denn Mobilfunk ist heutzutage Zivilisation, oder? Nein, es geht auch ohne! Und das sehen wir hier.

Kurz vor dem Zion Nationalpark wurde es schön ländlich mit großflächigen Weiden rechts und links der Straße. Und schon überquerten wir die Einfahrt in den Nationalpark. Hier bezahlten wir auch Eintritt in den Park, wieder 25 Dollar. Das ist anscheinend eine Einheitsgebühr. Unser Ziel war aber nicht mehr weit, auch diese lange Fahrt war fast geschafft. Und erneut änderte sich die Landschaft von jetzt auf nachher.

Obwohl wir gerade heute so viele verschiedene Landschaftszüge und Felsformationen gesehen hatten, war das, was uns nach dem Eingang in den Nationalpark erwartete, einfach noch einmal grandios, schärfte erneut sämtliche Sinne und erfrischte die Lebensgeister. Felshänge wie Schiefer aber doch kein Schiefer, da nicht grau, sondern hellbraun bis rot, zogen sich die schroffen Berge empor. An einer Stelle floss friedlich ein Bächlein an der Straße entlang, dann kam wieder eines den Berg herunter.

Wir hielten an einer schönen Stelle an und der Papa lief mit Sophie und Nicolas einen solchen unbeschreiblichen Hang problemlos rasch ein paar hundert Meter nach oben. Katharina war gerade aufgewacht und wollte nicht aussteigen. Ich wollte sie nicht allein im Auto sitzen lassen. Doch die Sehnsucht war zu groß, da auch einmal ein kurzes Stück den Berg auf roten „Schieferplatten" hochzulaufen. Ich sagte Katharina kurz Bescheid und marschierte, das Auto immer im Blick, in Richtung der anderen. Da es so großflächig war, war das auch kein Problem. Das Gefühl war herrlich! Man stand auf glatten Felsplatten, die wie gesagt an Schiefer anmuteten, und lief darauf herum ohne zu rutschen. Auch die Aussicht war einfach fantastisch. Berge um uns herum, nichts als diese anmutigen roten Berge.

Weiter ging es nach diesem Erlebnis und durch diese faszinierende Landschaft. Steinbrocken, die aussahen wie Pilze, standen auf einem glatten Felsplateau. Es ging durch einen kleinen und dann durch einen großen Tunnel. Dieser wurde 1922 erbaut, als es noch keine übergroßen Fahrzeuge gab. Deshalb passen auf den zwei Spuren auch keine Busse und Wohnmobile im Gegenverkehr durch. Sie müssen für die Durchfahrt 15 Dollar extra bezahlen und der Verkehr wird auf der jeweiligen Tunnelseite entsprechend gestoppt.

Wir standen also erst einmal vor dem längeren Tunnel, denn vor uns waren ein Bus und ein Wohnmobil. Nach der langen Fahrt wollten wir jetzt aber eigentlich nicht mehr in der Gegend rumstehen, sondern nur noch ins Hotel. Die letzten Reserven in Bezug auf Landschaft und Felsen waren nach diesen Eindrücken hier eigentlich aufgebraucht. Nun kam nach den Wolken und dem Regen aber wenigstens die Sonne wieder raus! Den ganzen Tag Wolken und zum Schluss auch der heftige Regen hatten ganz schön zur aufkommenden Müdigkeit beigetragen.

Endlich ging es weiter und der Tunnel war ebenfalls ein beeindruckendes Bauwerk. Ein dunkles Loch: Ein Bus muss hier wirklich mittig fahren, da es sonst mit der Höhe nicht passt. Eine Meile ist der Tunnel lang und da es nicht schnell voranging mit Bus und Wohnmobil vor uns, zog sich das wie Kaugummi.

Nach dem Tunnel ging es in Serpentinen den Berg hinab. Auch hier fanden wir erneut einen Landschaftswechsel vor. Die Berghänge waren nicht mehr so glatt, die Felsen rot und schroffer mit einer hellbraunen Bergspitze. Alles war leicht bewaldet und der rot-grün-braune Kontrast war wunderschön anzusehen. Wir verließen den Nationalpark, denn

Springdale, der Ort, in dem unser Hotel liegt, befindet sich gleich hinter dem Ausgang auf dieser Seite.

Unterwegs hatten wir uns schon gewundert, warum das Navigationssystem für 45 Meilen zwei Stunden Fahrtzeit berechnet hatte. Nun wussten wir es: In Utah gilt die Bergzeit, die Mountain Time, und hier hatten wir eine Stunde später! Wir stellten nun aber wegen der einen Nacht die Zeit nicht um, denn in Las Vegas war dann wieder Pazifik-Zeit. Wir lebten also in genau der Zeit weiter, in der wir die letzten beiden Wochen gelebt hatten.

Wir luden aus, das übliche Vorgehen der letzten Tage und schlicht Routine für die dritte Nacht in Folge an einem anderen Ort. Anschließend zogen sich die Kinder gleich um für den Pool, den wir nun entern würden. Der war hier wunderschön, ähnlich wie wir ihn mal auf Korsika in einer Residence für Familien erlebt hatten. Mit Wasserfall und Sprudel, einfach toll für Kinder gemacht. Die Sonne machte sich leider wieder etwas rar, doch es war warm genug, dass zumindest die Kinder ins Wasser konnten. Das ist auch beheizt, doch mir war es draußen zu frisch. Da ich auch echt müde und k. o. war, entspannte ich lieber ein wenig im Liegestuhl mit meinem eBook-Reader und dem Blick auf die herrlichen roten Felsen.

Am Pool hörte ich seit dem Smalltalk mit der Deutschen am Pazifikstrand in San Diego wieder deutsche Stimmen. Doch was soll ich sagen, diese Deutschen verhalten sich hier typisch deutsch. Wird man hier in den USA doch an jeder Ecke von jedem freundlich mit „Hey Guys!" angesprochen und erkundigt sich hier jeder von der Putzfrau bis zum Soldaten nach deinem Wohlergehen, wenn auch nur oberflächlich, und beginnt damit ein Gespräch oder spricht einen zumindest an, so ignorieren die anderen Deutschen schlichtweg ihre Landsleute.

Sie hatten genau wie wir auch gehört, dass wir aus demselben Land kommen und jeder Amerikaner würde sagen: „Hey Guys, ihr kommt ja auch aus Deutschland! Was verschlägt euch hierher?" oder so ähnlich. Aber weit gefehlt. Pure Ignoranz, nicht einmal ein „Guten Tag" kam hier über die Lippen. Und wie die Erwachsenen, so auch die Kinder.

Unser Trio kommuniziert ja selbst mit Kindern, deren Sprache sie nicht sprechen. So war es in Chicago und das hat wunderbar geklappt. Doch so weit kam es hier am Pool gar nicht, denn hier interessierte man sich schlichtweg nicht für den anderen. Ein typisch deutsches Verhalten, das mir im Ausland schon öfters begegnet ist.

Laut unserem Zeitempfinden war es sechs Uhr, hier in Utah war es bereits sieben Uhr, und wir richteten uns kurz her, um zum Abendessen zu gehen. Während wir am Pool waren, wanderte der Papa ein wenig zu Fuß durch den hübschen kleinen Bergort und hatte mal nach Lokalitäten Ausschau gehalten. Dabei wurde er auch fündig.

Hierbei handelte es sich um ein nettes, kleines Lokal, das wir zu Fuß erreichen konnten. Die Kinder wählten wieder ein Kindermenü und ich entschied mich für meinen ersten Burger in den vergangenen zweieinhalb Wochen. Mit Süsskartoffel-Pommes, das musste sein. Jawohl, ich hatte in der Tat noch keinen einzigen Burger gegessen! Das Essen schmeckte prima.

Beim Toilettengang mit der Jüngsten standen wir beide in einer Schlange hinter einer Dame, die sich über das Schloss in der Klotür wunderte. Ich erklärte ihr – ganz Globetrotter – dass ich dieses Prinzip schon in Paris gesehen hatte und so verhindert werden würde, dass Fremde einfach die Restrooms benutzen. Sie müsste nur schnell die Tür aufhalten, wenn derjenige, der gerade drin ist, herauskommt. Sonst müsste man den Schlüssel beim Personal anfordern. So lehrreich sind Städtereisen... Sie bedankte sich für meinen Tipp.

Sophie schrieb heute einmal im Restaurant weiter an ihrem Tagebuch, ich glaube, die Batterie ihres iPods war leer, und auch Katharina versuchte sich im Schreiben. Ganz motiviert schrieb sie ihre Eindrücke der letzten Tage und alle Tiere, die sie im Urlaub gesehen hat, in Form von Substantiven und mithilfe ihrer Schwester auf.

Wir gingen satt und müde wieder zurück zu unserer Anlage in der wunderschön von Felsen umrundeten Lage. Hier konnte man es aushalten! Das Hotel La Quinta bietet schöne, saubere und große Zimmer und das Bett ist furchtbar bequem. Viele, wie auch wir, nutzen diese Unterkunft allerdings lediglich als Zwischenstopp.

Der Tag mit der erneut langen Fahrt war anstrengend und vergleichsweise zum ersten Teil der Reise ein Tag, der schnell vorbei war. Wie bereits erwähnt, verrinnt die Zeit nun eindeutig schneller. Und bei aller Schönheit und den Dingen, die wir sehen und erleben, streben wir nun doch dem Ende entgegen. Die Luft ist langsam etwas raus. Das spüre ich.

So schließen wir auch diesen Tag gemütlich noch einmal draußen auf einem netten, kleinen Balkon sitzend mit Blick auf rote Felsen ab. Der letzte Tag mit einem höheren Zeitanteil im Auto als anderswo und wieder so vielen verschiedenen Eindrücken auf nur – in amerikanischen Verhältnissen und in diesen denke und rechne ich bereits – wenigen Meilen Unterschied. Und mit einer Stunde Zeitverschiebung von einem Bundesstaat in den anderen. Dieses Land ist einfach immer noch einmal mehr für eine Überraschung gut.

Aus Sophies Tagebuch...

Am achtzehnten Tag sind wir in ein Dorf in den Bergen gefahren. Dort angekommen, sind wir in den Pool. Nach dem Pool sind wir essen gegangen. Ich habe übrigens Mac und Cheese gegessen.

Danach sind wir zurück ins Hotel. Wir durften noch ein bisschen auf bleiben. Außerdem ist unser Bett ein Hochbett. Danach sind wir ins Bett.

Tag 19: Auf geht es jetzt nach Las Vegas!

Nach einer sehr guten Nacht in einem wahnsinnig bequemen Bett, das auf der Reise im Hinblick auf die Bequemlichkeit mit einen der obersten Ränge belegt, heißt es am heutigen Tag: Ein letztes Mal aufbrechen, eine letzte 200-Meilen-Fahrt aus diesem beschaulichen amerikanischen Bergdorf mitten hinein in den Wahnsinn. Las Vegas ist unsere Endstation auf dieser Reise und irgendwie sehne ich mich nun nach den vielen Stopps mit nur einer Nacht seit San Diego noch einmal nach drei Tagen an nur einem Ort.

Die Sonne scheint vom blauen Himmel, der am Vortag ja noch eher bewölkt war. Der Tag geht also gut los. Eine gute Nacht, guter Schlaf und die Sonne scheint. Die Kinder schlafen alle noch um halb acht – unserer Zeit. Hier ist es bereits halb neun und bis um zehn gibt es Frühstück. Ein klein wenig sputen müssen wir uns also, obwohl wir mit der für heute kurzen Fahrt von zweieinhalb Stunden – in amerikanischen Verhältnissen – massenhaft Zeit haben.

Dieses schöne Hotel war nach der Enttäuschung am Lake Havasu und der netten, doch einfacheren Unterkunft am Grand Canyon mit der teuren Massenabfertigung beim Frühstück eine Wohltat. Das Frühstück war zwar wieder typisch wie wir es vor San Diego hatten mit Plastikbesteck und Papptellern, doch eine Besonderheit neben allem Gewohnten und Bisherigen waren englische Frühstücksmuffins mit Schinken, Ei und Käse, die es eingepackt gab. Der Mut, etwas nicht Sichtbares zu probieren, wurde beim Auspacken belohnt. Es schmeckte hervorragend. Die Kinder aßen heute mal ausnahmsweise keine Zerealien, denn hier gab es wieder Waffeln.

Hier lief, typisch amerikanisch, auch ein Fernseher, auf dem DAS amerikanische Medienthema schlichtweg wieder und wieder gezeigt und durchdiskutiert wurde. Dabei ging es um eine Schießerei in Ferguson im Bundesstaat Missouri, bei der ein weißer Polizist einen schwarzen Amerikaner erschossen hat, der sich wohl einer Festnahme verweigerte und unbewaffnet war. Das Verhältnis schwarz zu weiß bei den Einwohnern beträgt dort zwei Drittel zu einem Drittel und drei von 56 Polizisten sind schwarz. Wieder solch immense Gegensätze. Es kam dann zu Aufständen der schwarzen Bevölkerung und die Tage wurde noch ein afroamerikanischer Bürger von einem Polizeibeamten erschossen, weil er mit einem Messer auf die Beamten losgegangen ist.

Diese Thematik verdeutlicht das große gesellschaftliche Problem in den USA, über das ich bereits in San Diego reflektiert hatte. Einen unbewaffneten Menschen erschießen, das heißt umbringen, ja, mit sechs Schüssen nahezu hinrichten. Und der andere mit dem Messer hätte auch mit einem Schuss in Arm oder Bein zunächst unschädlich gemacht werden können. Aber man muss doch nicht gleich töten! Selbst die Kinder bekommen das mit und wir diskutieren das ein wenig. Und erklären, dass das zu Hause gar nicht möglich ist. Ein schlimmes Beispiel für die Probleme dieses Landes.

Doch genug Schwarzmalerei, wir sind im Urlaub und leben nicht hier und weiter geht es im Programm. Nämlich packen, das Gepäck ins Auto räumen und los – auf nach Vegas, Baby! Unser Schlachtruf für die kommenden drei Tage. Genau dorthin geht es ja heute. Und das bei Sonnenschein. Unsere letzte Fahrt von Ort zu Ort, noch 200 Meilen und wir sind am Ziel.

Zunächst fuhren wir noch durch die schöne Berglandschaft mit den roten Felsen. Hier war die perfekte Kulisse für einen Wild West-Film. Am Straßenrand weideten friedlich und idyllisch Pferde. Irgendwo hatten ein paar Wagemutige auf einer Bergkuppe direkt an der Kante mehrere Häuser gebaut. Wenn ich mir die Berge und Hänge mit den unten im Tal verteilten Felsbrocken so anschaute, schien mir das ein sehr mutiges Vorgehen zu sein. Die Berge sahen nun auch nicht besonders vertrauenswürdig aus, sondern eher, als würde beim nächsten Sturm ein weiteres Felsstück abbrechen und das Haus oben drauf gleich mit. Ein Ort auf unserem Weg hieß Hurricane, das passte irgendwie zu diesem Thema.

Wir waren wieder auf dem Highway und aus den Bergen raus direkt in die Wüste. Die Temperaturen stiegen wieder auf 92 Fahrenheit, das sind etwa 33 Grad Celsius, doch das war bei Weitem nicht so hoch wie am Sonntag. Wüste, weites Land, das bekannte Bild, wie wir es nun schon so häufig hatten. So ging es bis Las Vegas, denn die Stadt liegt direkt in einem Kessel von Bergen umgeben in der Wüste. Und wir eilten mit raschen Meilenstiefeln direkt auf diese Stadt zu.

Dabei war es gut, dass wir uns eigentlich schon am Vorabend dazu entschieden hatten, vor Las Vegas doch nicht noch einen Abstecher ins Valley of Fire, einem weiteren Nationalpark kurz vor Las Vegas, zu machen. Es waren nun so viele Eindrücke, wir hatten gerade in den letzten Tagen so viele Landschaften und Felsformationen gesehen und waren so viele Stunden und Meilen im Auto gesessen, wir wollten nicht mehr. So war es ein wirklich gutes Gefühl, am Abzweig nicht abzubiegen und den Trip, der mindestens eine weitere Stunde im Auto bedeutet hätte, nicht zu machen. Das kann man auch noch ein andermal erleben oder man verzichtet eben ganz darauf.

Ähnlich wie in und um L.A. herum standen jetzt allmählich, da wir uns unserem Ziel näherten, am Straßenrand große Werbeplakate für Casinos und Geschäfte und am Horizont tauchte endlich sichtbar die Silhouette der Glücksstadt mit dem Stratosphere Tower als imposantes Gebäude auf. Ein paar Schafe auf der linken Seite, die ich vorhin noch im Bergland auf einer grünen Wiese gesehen hatte, würden uns vielleicht Glück bringen. Denn so heißt es doch: „Schäflein zur Linken, das Glück wird dir winken."

Doch hold war uns das Glück zunächst nicht. Auf dem Highway im Norden von Las Vegas machte es auf einmal plopp und ein Riss war in der Frontscheibe des Autos, etwa zehn Zentimeter lang. Das hatte uns jetzt gerade auf den letzten Kilometern unserer weiten Fahrt noch gefehlt. Zumal kein Auto und gar nichts vor uns war; wir konnten uns das nicht erklären. Sofort sank Papas Stimmung auf den Tiefpunkt und er ärgerte sich immens. „Super, jetzt habe ich die Diskussion mit den Typen bei der Autovermietung..." Ich meinte nur, es ist passiert, wir können es nicht ändern – ganz die amerikanische Gelassenheit – und er solle sich jetzt nicht ausgerechnet Las Vegas verderben lassen.

Auf dem Stratosphere Tower sahen wir das Kettenkarussell in schwindelerregender Höhe und die Kinder staunten mit offenen Mündern. Die Stimmung stieg auch beim Papa wieder und wir fuhren in Höhe des Treasure Island Hotels vom Highway runter auf den Strip. Wow! Ich kann nur sagen: Wow! Und das sagten auch die Kinder. Das Piratenschiff, klein Venedig, der Eiffelturm, und überhaupt, die ganzen Hotelkomplexe und Gebäude. Und das bereits am Tag! Ich will gar nicht wissen, wie das erst bei Nacht aussieht. Das alles sehen wir nun, wir sind da, in der wahrlich verrücktesten und wahnsinnigsten Stadt, die man sich vorstellen kann.

Das Hotel fanden wir recht schnell. Vor dem Eingang stiegen alle aus, das Gepäck wurde ausgeladen und plötzlich standen wir ohne Auto und Gepäck da. Das Auto wird nämlich im Parkhaus geparkt – Valet-Parking wie in L.A. sozusagen – und das Gepäck später aufs Zimmer gebracht. Gut, unser Hotel, das Vdara, ist auch ein Luxushotel und diesen Luxus gönnten wir uns nun. Hier in Las Vegas ist aber sowieso alles ganz anders.

Im ersten Moment dachte ich noch, dass wir mit unseren Urlauberkleidern wie Shorts und T-Shirt an diesem Ort etwas deplatziert seien, bei dem eine Dame allein für das Wischen der riesigen Eingangstür rund um die Uhr oder zumindest über ihre Schicht hinweg zuständig ist. Doch drinnen waren wir erleichtert, denn da hatten alle Gäste eine ähnlich legere Kleidung an. Einzig die Hotelangestellten sahen sehr vornehm aus.

Wir hatten hier eine 270 Grad-Panoramablick-Suite gebucht mit einem angeschlossenen Deluxe Room für die Kids. Beides funktionierte glücklicherweise, wir bekamen zwei nebeneinanderliegende Zimmer. Wir hatten noch Bedenken, ob das funktionieren würde, denn sonst wäre das Kinderzimmer irgendwo und mit Glück zumindest auf derselben Etage gewesen. Was eigentlich ein No-Go ist. Aber alles war gut, die Verbindungszimmer passten. Nur waren sie im 32. von 56 Stockwerken und leider noch nicht fertig. Weiter unten wären schon solche Zimmer fertig und geputzt, doch wir wollten schon so weit hoch wie nur möglich. Also sagten wir, dass wir gerne warten und machten uns derweil, um die Zeit zu vertreiben, zu Fuß in Richtung Strip auf. Ein wenig die Beine vertreten und Vegas erleben...

Wir gingen durch das Bellagio, das an das Vdara angeschlossen ist. Die Kinder staunten nur noch, denn das untere Stockwerk dieses Gebäudes enthält alles: Pools, Shops, Rezeption, eine Orangerie mit vielen bunten Blumen und die Casinos. Durchlaufen dürfen wir mit den Kindern, sie dürfen nur nicht an die Spieltische und Automaten. Und so gingen wir einmal ein wenig durch das Casino vom Bellagio.

Hier roch es nach Rauch, das fiel mir gleich auf. Ich entdeckte auch die Ecke, in der das Rauchen erlaubt zu sein schien. Bereits am Nachmittag saßen vereinzelt Personen an den Tischen und spielten um ihr Geld. Irgendwie kann ich diesem ganzen Geschehen nicht viel abgewinnen. Aber einmal probieren... Das wäre es doch! Naja, wir werden einfach einmal sehen, was Vegas so bringen wird...

Wir gingen raus auf den Strip und um das riesengroße Bellagio-Becken herum. Ab 15 Uhr gehen hier die Wasserfontänen in regelmäßigen Abständen hoch. Jetzt war es halb zwei, das würden wir uns also nachher auf dem Rückweg anschauen. Wir schlenderten weiter bis zum Caesars. Hierzu muss man erst wieder in einen Teil des Bellagio, um dann von dort aus über eine Brücke auf die andere Straßenseite zum Caesar-Hotel zu kommen.

Dort bestaunten die Kinder die nachgebauten römischen Figuren und Ornamente und wir gingen von der warmen, schwülen Luft rein in die klimatisierte Kühle. Unser Ziel waren die Forum Shops im Caesars, ein Einkaufszentrum ebenfalls zum Hotel gehörend. Hierzu mussten wir durch das Caesar-Casino durch. Hier hatte der Papa vor vielen Jahren bei seinem letzten und bisher einzigen Aufenthalt in Las Vegas einmal immerhin 500 Dollar gewonnen. Am Übergang zu den Forum Shops, diese Einkaufsmall hat einen künstlichen blauen Himmel, wurden wir von einer Frau ganz freundlich angesprochen, die fragte, ob wir aus Deutschland seien. Sie kenne München und ihre Tochter hätte einen tollen Deutschen geheiratet und würde in München leben. Für den netten Smalltalk bekamen wir fünf Gratiskarten für eine Comedy-Show. Ob wir das machen würden, wusste ich nicht, denn für den nächsten Tag waren wir showtechnisch ja schon verplant.

In der Mall unter blauem Himmel befinden sich in römischer Architektur nachempfundenen Gebäuden zahlreiche Shops, die zunächst von sehr teuer über einen Apple Store dann in normale Geschäfte wie beispielsweise auch H&M übergehen. Doch Vegas wäre nicht Vegas, wenn selbst der H&M in dieser

Mall unter blauem Himmel nicht schillernd bunt wäre. Das stellten auch die Kinder begeistert fest.

Das Einkaufszentrum hat verschiedene Eingänge und drei sternförmig auseinandergehende Wege. Am Ende eines solchen Weges gibt es eine Cheesecake Factory. Da wir in San Francisco damals Pech hatten und keinen Platz bekamen, wagten wir einen neuen Anlauf und dieses Mal schienen wir mehr Glück zu haben. Fünf bis zehn Minuten dauerte die Wartezeit.

In der Zwischenzeit schauten wir drei Mädels uns die Käsekuchen-Theke näher an, um zu wissen, was wir essen würden. Kuchen, das musste hier sein, finde ich, obwohl man hier auch ganz normales Essen bekommt. Die Männer warteten noch mit den beiden Rucksäcken, die wir als einzige Utensilien noch dabei hatten, vor dem Restaurant, bis wir aufgerufen werden würden. Das andere Gepäck war ja im Hotel.

Die ganze Zeit über gab es heute schon Streit, wer von den beiden größeren den Kinder-Rucksack trägt und wir hatten diesbezüglich auch schon diverse Diskussionen. Entsprechend genervt waren wir wegen der kindlichen Streitereien und dem Thema Rucksack. Doch wir hatten einen Platz in der

Cheesecake Factory ergattert und die beiden Männer kamen zu uns Mädels an die Kuchentheke und zusammen gingen wir zu unserem Tisch.

Zwischenzeitlich wurde noch direkt auf dem kleinen runden Platz vor dem Restaurant, auf den wir von unserem Platz direkt schauten, irgendein römischer Showteil vorgeführt, den wir aber leider nur von hinten sahen. Die Kinder waren trotzdem von den Stimmen und dem Showgehabe mit Nebel und Lichtspielen fasziniert. Las Vegas ist einfach eine einzige Show.

Ich teilte mir ein Stück Kuchen mit Katharina, Sophie schaffte ihr Stück ganz alleine. Auch Nicolas verdrückte einen kompletten Burger. Das Essen war hervorragend und auch der Kuchen. Doch auch mächtig und nach dem halben Stück, der Sünde, ja der letzten Sünde, die ich figurtechnisch bei diesem Urlaub beging, reichte es mir in der Tat. Aber das war irgendwie ein Muss und schließlich kam es darauf ja auch nicht mehr an. Wir bezahlten, die Männer gingen noch Händewaschen und zu den Toiletten.

Wir brachen auf, doch, wo war der Kinderrucksack? Unseren Rucksack hatte ich neben mir abgestellt, doch der Rucksack der Kinder, der sämtliche elektrischen Geräte der Kinder, ihre Kuscheltiere und Sophies Tagebuch enthielt, war weg, einfach nicht mehr da. Ich kann hier gar nicht in Worte fassen, wie mir in dem Moment das Herz ganz tief nach unten gerutscht ist. Ich war schockiert. Schock pur. Die Worte fehlen.

Der Papa erholte sich am schnellsten vom Schock und nach einem Blick vor das Restaurant, wo wir wartend zuvor gesessen hatten und wo natürlich kein Rucksack mehr war, ging er zum Empfang der Cheesecake Factory und fragte nach. Und, oh Wunder! Dort wusste man sofort Bescheid, genau wie zwei ältere, sehr nette Damen. Sie hatten beobachtet, wie der Sicherheitsdienst den Rucksack mitgenommen hatte. Er war also anscheinend da und nicht gestohlen! So ganz glauben konnte ich das nicht.

Der Herr am Empfang des Restaurants erklärte uns, dass wir uns an den Informationsservice wenden sollten, um herauszufinden, wo er hingebracht wurde. Jetzt muss man erst mal den Informationsservice finden. Die beiden Damen liefen uns noch einmal über den Weg und erkundigten sich. Ja, sie interessierten sich in der Tat für unser Schicksal.

Es war unglaublich, irgendein Mensch hatte den Rucksack doch tatsächlich dem Sicherheitsdienst übergeben! Beim Informationsservice, den wir auf dem Weg zurück fanden, stand auch ein Sicherheitsbeamter, den wir fragten. Über Funk informierte er sich und meinte dann, wir sollten hier warten, der Rucksack wäre da und würde in zwei Minuten gebracht werden.

So ganz glauben konnte ich dieses immense Glück eigentlich immer noch nicht. Die Kinder waren still und ebenfalls schockiert. Hatte Nicolas den Rucksack doch einfach auf dem Boden stehenlassen! Wir machten ihm jedoch keine Vorwürfe. Er ist ein Kind und all diese Eindrücke und all das Erlebte haben hier wohl einen Teil dazu beigetragen.

Da ging die Tür zum Managementbereich auf, der sich hier befand, und heraus kam ein Sicherheitsbeamter mit unserem Rucksack in der Hand!

Er meinte, im Rucksack stünde der Name Sophie und ob das – er zeigte auf Sophie – die Sophie wäre. „Ja, das ist Sophie und ihr Rucksack!" sagten wir. „Der ist aber ganz schön schwer, hast du ihn getragen?" fragte er in Richtung Sophie. Wir bejahten und ersparten ihm die vorherigen Streitereien um das Tragen des Rucksacks. Er war erstaunt und wir so herrlich erleichtert. Ich nahm ihn entgegen und trug ihn nun durch Las Vegas. Und dachte an die

Schäfchen auf der linken Seite der Straße ein paar Stunden zuvor.

Wir gingen zurück in Richtung Bellagio und zu den Fontänen, denn der Schock mit dem verlorenen Rucksack war zunächst einmal genug. So ganz erholt hatte ich mich noch nicht davon, als wir am großen Wasserbecken vor dem Hotel fünf Minuten vor drei ankamen und uns mittig positionierten.

Punkt drei Uhr ging es los und es war einfach nur schön. Zu zwei Liedern wurden die Wasserfontänen melodisch gesteuert. Beim zweiten Lied, es war „Time to say Goodbye", kamen mir nach dem zuvor Erlebten und weil es und einfach alles so schön und unglaublich war, die Tränen. Das alles bis jetzt war so viel und wie gesagt, so unglaublich schön und beeindruckend, und damit meine ich die gesamte Reise, da brachte dieses Lied mit den Fontänen das Fass zum Überlaufen.

Dass die Kinder auch von diesem Spektakel schlichtweg beeindruckt waren, muss ich wahrscheinlich nicht extra schreiben. Zurück im Hotel war zumindest unsere Panorama Suite fertig, die wir beziehen konnten. Auch das Gepäck konnten wir nun ordern und so machten wir uns erst einmal für den Pool fertig. In der Zwischenzeit stand auch das Zimmer für die Kinder, die verbundene Deluxe Suite nebenan, für uns bereit.

Wir hatten nun etwa 120 Quadratmeter Wohnfläche im 32. Stock über Las Vegas mit einem 270 Grad-Blick über das Geschehen unter uns. Die Suite war einfach die Wucht und ich sitze nun hier in dieser Wucht-Suite direkt am Fenster an einem Schreibtisch mit Blick auf einen Teil der Hügel südlich von Las Vegas und dem Verkehr, der unter mir entlang braust. Das ist so gigantisch, dass ich es wieder einmal gar nicht richtig in Worte fassen kann.

Nach der Inspektion der Suite der Kinder und unserer, in der man sich mit 120 Quadratmetern mal glatt verlaufen kann, gingen wir an den Pool. Auch hier hatte man das pure Luxusgefühl und unsere Kinder waren mittendrin und fielen nicht auf. Sie waren die ganze Zeit im Wasser und wir schwammen auch ein wenig und machten es uns dann direkt am Becken gemütlich. Wir gönnten uns auch etwas an der Poolbar, auf den Schreck, der immer noch ein wenig in den Knochen steckte und sich erst bei meinem Strawberry Daiquiri so allmählich verflüchtigte. Kurz vor sechs entschieden wir, dass das für heute genug Pool sei und gingen hoch ins Zimmer. Hier ruhten wir alle ein wenig aus, genossen die Räumlichkeiten und den 270 Grad-Blick mit der im Westen gerade untergehenden Sonne, die wir nur um die Ecke herum wahrnahmen. Den Westen selbst sahen wir leider nicht, die einzige Himmelsrichtung, dafür den Osten mit dem Sonnenaufgang.

Wir Erwachsenen hatten nach dem späten Mittagessen in der Cheesecake Factory noch keinen Hunger, doch bei den Kids ging es langsam los. Um halb acht beschlossen wir also, dass wir uns genug ausgeruht hatten und los ging es auf den Strip. Diesmal nahmen wir die Tram, einen kleinen Schienenzug, der das Bellagio und das Monte Carlo miteinander verbindet, und fuhren zum Aria, das dazwischen liegt. Dort ist ein kleines, sehr exklusives und teures Einkaufszentrum. Wir gingen durch und die Kinder bewunderten hier verschiedenartige, bunte Wassersäulen.

Der Input mit all den Eindrücken ist natürlich immens. Schon für uns Erwachsene und für die Kinder noch viel mehr. Zumal wir sie mit Eindrücken noch und nöcher in den vergangenen Tagen gefüttert hatten. Der Flash kam dann an diesem Tag aber draußen am Strip, den wir über eine Brücke überquerten. Wir waren so ziemlich mittig und so konnte man auf der einen Seite bis zum Mandala Bay und auf der anderen bis zum Stratosphere Tower sehen. Alles ist hier bunt, es flimmern riesige Leinwände und die Limousinen faszinierten insbesondere Katharina. Sie entdeckte auch das große Motorrad, das bei Harley Davidson halb aus dem Gebäude ragt.

Wir nahmen einen Cocktail to go, ja, auch das gibt es hier. Der war eiskalt und die Kinder dürfen den ja laut Gesetz nicht mal in den Händen halten und so fror erst die eine und dann die andere Hand ein, während ich genüsslich meinen zweiten Strawberry Daiquiri – diesmal to go – schlürfte und auch Papas Getränk kurze Zeit in der Hand hielt. Ein kleines Stück gingen wir noch, aber dann wurde der Hunger der Kinder doch zu einem größeren Bedürfnis.

Hier auf dem Strip ist am Abend, wie man sich sicher vorstellen kann, nicht unbedingt wenig los. Auch laufen hier unter all den Menschen sicher welche herum, die einem nicht so positiv gesinnt sind. Aus diesem Grund hatten wir die Kinder wie bereits in L.A. die ganze Zeit an der Hand. So konnte nichts passieren und es passierte auch nichts.

Für heute und weil eigentlich nur die Kinder Hunger hatten, gingen wir zu einem asiatischen Fastfood, der Panda-Kette. Obwohl es nur eine Fastfood-Kette ist, schmeckte es überraschenderweise gut. Uns fiel auf, dass sehr viele Betrunkene durch die Gegend wankten. Besonders eine junge Dame in

Stöckelschuhen mit rotem Minikleid erregte unsere Aufmerksamkeit, da sie bereits solche Probleme hatte, dass sie sich an der Theke festhalten musste. Und der Gang mit den Stöckelschuhen sah ebenfalls sehr abenteuerlich aus und ich hatte fast Angst, dass sie sich heute noch einen Knöchelbruch zuziehen würde.

Nachdem ich Nicolas zuvor erklärt hatte, warum Kinder keinen Alkohol trinken und hier in den USA nicht einmal in der Hand halten dürfen, nämlich weil man davon betrunken und krank werden kann, wenn man zu viel davon trinkt, sahen er und auch die anderen beiden nun am echten, tatsächlichen Beispiel, was Alkohol insbesondere zu viel davon, bewirken kann. So hatten die Kinder erneut etwas fürs Leben gelernt. Natürlich immer unter unseren schützenden Blicken.

Es ging nun erneut mit der Tram zurück ins Hotel. Um neun Uhr waren wir wieder im Zimmer und die Kinder bestaunten zunächst noch das orangefarbene Lichtermeer unter ihnen aus dem Fenster. Sie waren so müde, dass sie gleich einschliefen. Auch wir waren müde und zutiefst beeindruckt. Nicht nur von dieser wahnsinnigen Stadt, sondern auch davon, wie unsere Kinder mit all dem Input umgehen. Und zwar bewundernswert souverän.

Dieser Tag, der ein ganz besonderer war, endet nun. Wir werden nie vergessen, dass unser verloren geglaubter Rucksack wieder aufgetaucht ist und wie ehrlich der Finder oder die Finderin war. Ein erneutes Beispiel für die Art, wie US-Amerikaner mit ihren Mitmenschen umgehen. Ganz und gar nicht gleichgültig und ich-bezogen. Das ist das Besondere an diesem riesengroßen Land.

Aus Sophies Tagebuch...

Am neunzehnten Tag sind wir nach Las Vegas gefahren. Dort angekommen, wurde unser Auto in die Garage gebracht. Danach sind wir zur Rezeption gegangen. Aber leider waren unsere Zimmer noch nicht fertig. Also sind wir ein bisschen in der Stadt rumgelaufen. Dabei sind wir auch zur Käsekuchenfabrik gegangen. Danach stellten wir fest, dass mein schussliger Bruder meinen Rucksack liegen gelassen hatte.

Als wir ihn zum Glück wieder hatten, steckte uns der Schreck noch in allen Knochen. Wir sahen die Wasserfontänen mit Musik. Danach konnten wir zum Glück unsere Zimmer beziehen. Anschließend sind wir an den Pool.

Am Abend sind wir mit einer Trambahn in die Stadt und sind dort zum Panda essen gegangen. Außerdem haben wir Las Vegas im Dunkeln erlebt. Danach sind wir ins

Bett.

Tag 20: Viva Las Vegas oder Vegas Baby!

Nach einer fantastischen Nacht in einem so überaus bequemen Bett, das in der Bettenliga sofort auf Platz eins klettert, wache ich um halb acht Uhr auf. Wer ist schon wach? Na klar, der Papa. Katharina lässt nicht lange auf sich warten und auch Nicolas ist bereits unter den Lebenden. Sophie kommt kurz später, ist aber ebenfalls ausgeschlafen.

Wir lassen es ganz gemütlich angehen. Hier gibt es ja kein Frühstück, wir haben aber einen 100 Dollar Voucher für Essen und so organisiert unser Papa das Frühstück unten im Market Café, das sich in der Hotellobby befindet und zum Hotel gehört. Hier gibt es so einiges zu kaufen und er kommt mit einer gesalzenen Rechnung aber mit köstlichen Sachen zurück. Nur der Kaffee, den es im Zimmer gibt, ist schnell ausgetrunken.

Kein Problem, denn unten in der Lobby ist nicht nur das Market Café, sondern auch Starbucks. Diesmal fahre ich die 32 Stockwerke nach unten und organisiere uns den Kaffee zum Frühstück. Mit Blick auf das Bellagio und den Stratosphere Tower genießen wir dann das Frühstück im 32. Stock über Las Vegas, das nach der Einheitskost der letzten Tage einfach nur umwerfend schmeckt. Wie gut doch Schneckennudeln und mit Quark gefüllte Schnitten schmecken können, wenn man so etwas schon so lange nicht mehr gegessen hat...

An diesem Tag steht unsere letzte Fahrt mit dem Auto auf dem Programm. Denn die Abgabe wollten wir nicht erst morgen am letzten, sondern heute am vorletzten Tag erledigen. Geplant war sie für den Freitag, doch somit hatten wir den Freitag und letzten Tag „frei" und das Thema Auto, das uns nun all die Meilen begleitet hatte, vom Hals.

Es war hier auch ein wenig umständlich, etwas mit dem Auto zu unternehmen, denn das Fahrzeug wird hier ja vornehm in der Garage geparkt. Wenn man es braucht, muss man es jedes Mal ordern. Der Verkehr ist hier in Las Vegas ertragbar. Trotz 12-spurigem Strip, sechs Spuren auf jeder Seite, geht es eigentlich. Los Angeles kann diesbezüglich nichts übertreffen. Das war ja im Vergleich zu allen anderen Orten Stress pur.

Genau wie das Valley of Fire streichen wir auch den zuvor eingeplanten Ausflug zu einer Cowboy-Stadt vor den Toren von Las Vegas aus dem Programm. Genug gesehen und erlebt und hier in Las Vegas reicht es eigentlich mit Input und Eindrücken auch für die Kinder. Irgendwann ist genug, man spricht auch von Reizüberflutung. Und fahren wollen wir nach all den gefahrenen Meilen nicht mehr unbedingt. Also kommt auch das Thema „Cowboy" auf die Agenda eines möglichen zukünftigen USA-Trips.

Zunächst frühstückten wir aber und machten uns gemütlich fertig. Das mit dem Bringenlassen des Autos klappte hervorragend, doch der Riss in der Frontscheibe war immer noch da und sogar zwei Zentimeter weiter gewandert. Wir hatten kein gutes Gefühl und die Entscheidung, uns heute von unserem Weggefährten zu verabschieden, war irgendwie richtig.

Wir fuhren als erstes zur Little White Wedding Chapel. Das Heiraten ist ja in der Glücksstadt Las Vegas neben dem Glücksspiel wahrscheinlich das zweitgängigste Geschäft. Hinzu kommt, dass ich beruflich mit genau dieser von wahrscheinlich über 30 Wedding Chapels mit beglaubigten Übersetzungen diverser Heiratsurkunden aus Las Vegas, Nevada, vom Referend X zu tun hatte. Und diese Heiratskapelle wollte ich nun mal sehen, wenn ich schon hier war.

Man fährt den Strip entlang, am Stratosphere Tower

vorbei und schon reihen sich die Kapellen und Heiratsetablissements Tür an Tür. Überall fuhren weiße Limousinen durch die Gegend, um die Heiratswilligen zu ihrem Glück zu kutschieren. Wir hielten bei der besagten Little White Wedding Chapel und stiegen aus. Das Gebäude war in diesem Fall keine nachgebaute Kapelle oder Kirche, wie es bei der Konkurrenz auch vorkommt, sondern ein normalerweise trostloser Betonklotz, der mit hinreichend Kitsch wie bunten Blumen und allem, was zu einer „romantischen" Trauung gehört, aufgemotzt war.

Am meisten irritierte mich doch der „Drive Through"-Schalter. Man kann hier auch tatsächlich mit dem Auto vorfahren und, wie man bei McDonalds seinen BicMac am Drive In bestellt, am Schalter und mal eben so beim Durchfahren heiraten! Unglaublich! Und wie romantisch... Drinnen befand sich ein Empfangstresen, an dem eine Dame geschäftig telefonierte und die diversen Heiratspakete erläuterte, die man buchen kann.

Ich erklärte einem jungen Mann, der hier durch die Gegend spazierte und wohl zum Etablissement gehörte, mein Anliegen, und dass ich als Übersetzerin schon mit dieser Chapel zu tun hatte. Er fand das toll und meinte: „Ihr könnt euch gerne umsehen, alles ansehen und so viele Fotos machen, wie ihr wollt." Und das, obwohl wir als potenzielle Kunden definitiv ausschieden. Zu sichtbar waren die Eheringe und natürlich die Begleitung durch unsere drei Kinder. Die staunten eigentlich am meisten über die Dekoration und Ausstattung der beiden Innenräume zum Heiraten und des gesamten Etablissements. Hier standen Stühle mit einer Lehne in einer Schmetterlingsform und draußen gab es einen mit Kunstblumen dekorierten weißen Pavillon. Ich weiß nicht, ob sich die Kinder Heiraten so vorstellten.

Wir schauten uns alles an und fotografierten das Paar Nicolas und Katharina vorne am Pult beim Heiraten. Dann reichte es eigentlich auch schon. Beim Herausgehen konnte ich mich nicht bedanken, denn die Dame telefonierte nach wie vor geschäftig: „Welches Paket darf ich ihnen anbieten?" und der junge Mann war nicht mehr zu sehen. Ich nahm noch die „Zehn Regeln für eine glückliche Heirat", die auslagen, mit und weiter ging es.

Der nächste und letzte Halt mit dem Auto war die Fremont Street, die neben dem Strip bekannteste Straße von Las Vegas in Las Vegas Downtown. Das war das „alte" Las Vegas. Hier wurde 1906 das erste Casino, das „Golden Nugget" eröffnet. Heute ist das Viertel eher heruntergekommen. Man versuchte hier, einen Teil der Straße mit einem Zeltdach und einer Lightshow am Abend, der 1995 fertiggestellten Attraktion Fremont Street Experience, etwas aufzupoppen, doch mit nur mäßigem Erfolg. Seit Anfang der 90er Jahre hat sich das touristische Interesse mit dem Bau der sogenannten Megaresorts hin zum Strip verlagert.

Die Parkgebühr mit fünf Dollar für zwölf Stunden ging in Ordnung, das Schlitz-Einwerfsystem kannten wir ja bereits aus San Diego. Zur Fremont Street waren es nur wenige Schritte, doch das Klientel hier im Viertel machte schon auf dem Weg dorthin den Verfall der Gegend deutlich. Ein uraltes, wenig gepflegtes Hotelhochhaus ragte hier in die Höhe und die Geschäfte rochen beim Betreten auch etwas modrig. Wir sahen eine sehr leicht und freizügig bekleidete Dame und die Kinder staunten nicht schlecht. Die elementaren Dinge der Nacktheit, wie die Brustwarzen, sind im prüden Amerika natürlich nicht zu sehen, weil beklebt. Somit war das auch noch kinderfrei, nur einfach gewöhnungsbedürftig.

Überall gibt es Casinos wie auch auf dem Strip, aber auch deutlich mehr Schnapsleichen schon am Vormittag. Vorbei am Golden Nugget gingen wir noch zum Casino mit dem bekannten Las Vegas-Cowboy, das Pioneer. Doch das ist kein Casino mehr, sondern nur noch ein T-Shirtladen. Ein weiteres Zeichen einmal mehr für den Verfall.

Uns reichte es, wir hatten genug gesehen und mit den Kindern wollten wir eigentlich auch nicht mehr länger in dieser Ecke bleiben. Wir hatten ein paar Souvenirs gekauft, die es so auf dem Strip nicht gibt, aber mehr brauchten wir nicht. Ein Hummersteak wurde hier für elf Dollar angeboten... Das deutete ebenfalls auf die Qualität in dieser Ecke von Las Vegas hin.

Wieder im Auto fuhren wir zum Abschluss den Strip ganz hinunter bis zum Mandala Bay Hotel und wieder zurück zum Vdara. So hatten wir alle interessanten Hotels zumindest vom Auto aus gesehen. Am Hotel stiegen die Kinder und ich aus, wir nahmen noch die Tüten mit der Schmutzwäsche mit und verabschiedeten uns vom Auto. 1950 Meilen, das sind 3138 Kilometer, hatte uns dieses Gefährt nun durch Kalifornien, Arizona, Utah und Nevada gefahren. Ein treuer Weggefährte.

Der Papa gab also das Auto ab und wir vier verbrachten diese Pause ein wenig am Pool. Hier war schon einiges los, es war noch nicht Freitag, doch das Wochenende und somit der Partyhöhepunkt in Vegas nahte. Und die Kinder beschäftigten sich wie gehabt im Wasser.

Nach einer Stunde kam der Papa schon, das Auto-Thema konnte ohne Probleme erledigt werden. Der Steinschlag war gar kein Problem, das war in der Versicherung enthalten und abgedeckt. Dort meinte man eher, dass man froh sei, dass uns nichts passiert ist. Mit dem Taxi dauerte es zehn Minuten vom Mietwagen-Zentrum zum Hotel. Das ist eine etwas längere Strecke als die zu den Terminals, aber die Zahl war wichtig für unsere Planung der Abreise am übernächsten Tag. Ja, wir begannen langsam mit der Planung der Rückreise.

Es war mittlerweile ein Uhr und wir marschierten noch einmal zu den Forum Shops. Hier wollte ich noch meinen Gutschein bei Victoria's Secret, den ich in San Diego bei meinem Einkauf erhalten hatte, einlösen. Oder, um ehrlich zu sein, einfach noch einmal das Shopping-Gefühl genießen, weil es das so in Deutschland nicht gibt. Wir liefen durch das Bellagio bis zum Caesars Palace und waren gleich an der Shopmeile unter dem künstlichen blauen Himmel.

Ich ging also zu Victoria's Secret und die restlichen vier machten sich schon mal auf in Richtung Cheesecake Factory. Hier wollten wir ausgiebig etwas später Mittag machen, denn heute Abend stand ja schon wieder der nächste Höhepunkt an und wir würden nicht zu einem richtigen Abendessen kommen.

Ich war bei Victoria's Secret rasch fertig, schließlich wusste ich genau, was ich wollte. Ich lief dann zum verabredeten Ort, der Cheesecake Factory, und da davor niemand wartete, ging ich davon aus, dass die vier schon einen Platz zugewiesen bekommen hatten.

Ein komisches Gefühl befiel mich gleich wieder an diesem Ort und ich musste an den Rucksack denken. Ich erklärte der Dame am Restaurantempfang, dass ich meine Familie suchen würde und die wohl schon sitzen und ging dann suchend durch das Restaurant. Überall Menschen, Menschen und Menschen, doch nicht die von mir gesuchten. Ein Mann mit drei Kindern müsste doch zu sehen sein!

Ich hatte ja kein Handy dabei und keinerlei Möglichkeit, Kontakt aufzunehmen. Nur die Hotelzimmerkarte, meine Kreditkarte, Ausweis und die Victoria's Secret-Tüte. Nach einer zweiten erfolglosen Runde hatte ich zwei Optionen: Entweder noch mal vor dem Restaurant suchen oder zurück ins Hotel mit knurrendem Magen, denn Hunger hatte ich mittlerweile auch.

Also probierte ich zunächst die erste Option und dachte mir dabei, dass dieser Ort doch schon ein wenig verhext sei. Es war ein komisches Gefühl in dieser riesigen Stadt, in der Einkaufsmeile in einem vollen Restaurant und der Rest der Familie war nicht am verabredeten Treffpunkt. Und keinerlei Möglichkeit, ihn zu kontaktieren. Doch, wieder hatten wir Glück. Sie standen alle vier vor dieser Säule, bei der zur vollen Stunde ja irgendeine Show mit irgendeiner Figur gezeigt wird. Das hatten wir ja tags zuvor von der Rückseite aus gesehen und die Kinder wollten es nun von vorne sehen. Und da sie sowieso warten mussten, hatten sie sich hier positioniert. Hier fand ich meine vier schließlich.

Doch diese Show war langweilig, der Ton war schlecht und nicht mal wir englisch sprechenden Erwachsenen verstanden ein Wort. Katharina war müde, ich hungrig und so brachen wir ab und gingen in die Cheesecake Factory, wo wir sofort einen Platz bekamen. Wir aßen gemütlich bis auf Katharina. Die war zu müde und ruhte sich ein wenig aus. Ein paar Pommes von ihrem Bruder aß sie trotzdem. So langsam machten sich all die Tage bemerkbar. Das war nur menschlich.

Anschließend ging ich noch kurz zu Gap, das Geschäft liegt auf dem Rückweg durch die Mall. Ich brauchte noch eine kurze Hose für Nicolas, da sich sein Bestand mit einer einzigen verbleibenden dem Ende näherte. Aus einer kurzen wurden insgesamt vier Hosen, noch drei lange für ihn und Sophie. Der Rest der Sippe war kurz im nebenan liegenden Apple Store verschwunden und kam just, als wir in Richtung Kasse gingen. Mein Einkaufen war erfolgreich beendet. In eine weitere Mall wollten wir nicht mehr gehen. Wir wussten nämlich nicht, was wir noch kaufen sollten und hatten keinen Bedarf auf weitere Diskussionen mit den Kindern und noch mehr Spielsachen. Zwei Mall-Erlebnisse dieser Art reichten und der Bedarf war gedeckt.

Zurück im Hotel erfuhren wir, dass der Pool wegen ein paar Wolken, die von der Farbe her in Richtung Gewitterwolken gingen, geschlossen worden war. Wir wollten zwar sowieso nicht in den Pool, doch diese Schließung fanden wir suspekt. Weder donnerte, blitzte noch regnete es. Aber egal. Ich wusch zunächst Sophies Haare, die vom Chlor der letzten Tage noch ganz verklebt waren und dann machten wir erst einmal eine ausgiebige Pause über zwei Stunden. Den Input wirken lassen und ausruhen.

Um sieben Uhr begann die David Copperfield

Show, unser letzter Höhepunkt, im MGM Grand. Bis maximal eine Stunde vorher mussten wir unsere Online-Karten gegen die richtigen eintauschen. Wir machten uns frühzeitig fertig und entschieden uns für ein Taxi auf dem Hinweg. Unser Auto gab es ja nicht mehr. Fünf Personen dürfen laut Nevada-Bundesgesetz zusätzlich zum Fahrer in einem Taxi fahren und so klappte das problemlos.

Der Fahrer war zwar ziemlich wortkarg, aber er brachte uns direkt an den Eingang vom MGM. Die Taxifahrt war außerdem noch gut, weil wir hier endlich in Bezug auf das Las Vegas-Couponheft fündig wurden. Dieses Couponheft, von dem es verschiedene Versionen gibt, enthält nämlich den Eiffelturm-Coupon mit zwei Eintritten für den Preis von einem. Die Fahrt brachte uns also nicht nur zum MGM und zur Show, nein, wir hatten nun endlich auch die Coupons! Denn auf den Eiffelturm wollte ich auch noch am nächsten und letzten Tag.

Doch zunächst mussten wir nach der Ankunft im MGM noch das Ticket Office suchen, um unsere Online-Tickets umzutauschen. Das hört sich leichter an, als es durchführbar ist. Man kommt rein und steht gleich mitten im Casino und alle Wege führen dann nicht nach Rom, sondern irgendwohin. Wir fragten zunächst mal irgendeinen, der da rumstand und der meinte: „Geradeaus, dann links." Tja, geradeaus und dann links war dann zwar ein Ticket Office, aber nicht das für David Copperfield, sondern für die Show von Cirque de Soleil. Erneut fragten wir wieder einen und der meinte dann: „Dort zur Bar, daran vorbei und hinter der Bar."

Diesmal passte es, aber durch die fünf Dreher im Casino hatte ich nun völlig die Orientierung verloren. Aber ich musste auch erst mal nicht raus, wir wollten ja die Karten eintauschen und dann zur Show. Beim Eintauschen sahen wir auch unsere Plätze. Sie befanden sich in Block D, das ist der vierte Block im ersten Drittel des Saals und wir hatten sehr schöne Plätze mit Tischen davor. Nun hieß es aber zunächst noch etwa 30 Minuten warten, denn um viertel sieben wollten sie den Saal öffnen.

Wir vertrieben uns die Zeit mit einem Starbucks-Kaffee und die Kinder bekamen hier beim Starbucks mitten im Casino ein Wasser zu einem saftigen Preis, das teurer war als unser Kaffee. Die Zeit verging schnell und wir machten uns schließlich auf in Richtung Saal, der nun geöffnet war.

Schnell fanden wir unseren Platz. Die Kinder waren aufgeregt und Katharina fragte ständig: „Wie lange dauert es noch? Wann kommt der Zauberer?" Um die Zeit zu vertreiben bestellten wir für die Kids einen Eimer Popcorn, den sie auch bis zum Vorstellungsbeginn 25 Minuten später vernichtet hatten. Zum Glück war es gesalzen, somit hielt sich der Zuckerpegel in Grenzen. Ich gönnte mir einen Strawberry Daiquiri und der Papa sich ein Bier. Die Kinder hatten ja gerade die Flasche Wasser für schlappe sechs Dollar heruntergestürzt, da sie die nicht mit in den Saal nehmen durften. Hier will das Casino selber seine Getränke verkaufen.

Katharina musste mehrmals fragen, wann es denn nun endlich losgehe und auch um sieben war der Herr Copperfield noch nicht da. Stattdessen ein Mann, der alle bat, eine E-Mail an eine bestimmte Adresse zu senden und Land und Ort der Herkunft dabei anzugeben. Auf einer großen Tafel erschienen dann lauter Punkte für die Herkunftsorte der Menschen im Saal und wir entdeckten unter den paar europäischen Punkten mit eindeutigen Schwerpunkten in München, Paris und London auch unseren Punkt.

Jeder Platz bekam ein paar Armbänder, die man sich mit der Schrift – dem Namenszug von David Copperfield – lesbar und nicht auf dem Kopf stehend anziehen sollte. Wie bereits zuvor festgestellt, hatten wir einen schönen Tisch und einen hervorragenden

Platz mit super Blick auf die Bühne auch für die Kinder. Die Bänder reichten nicht für alle und bei uns legten sich Katharina, Nicolas und der Papa ein solches Band an. Das würde für einen späteren Trick gebraucht werden.

Und dann ging es endlich los. Und gleich heftig, denn der Magier erschien in einer zuvor leeren Kiste auf einem Motorrad sitzend! Los ging eine Show, die wir alle fünf niemals vergessen werden. Ich werde jetzt aber nicht die Show in allen Einzelheiten beschreiben. Nur so viel, dass der Magier nämlich auf das Intensivste das Publikum mit einbezieht. Und so geschah es, dass aller Höhepunkte und Erlebnisse zum Trotz ausgerechnet unser Papa zufällig ausgewählt wurde, er somit dem Magier und mit zwei anderen Personen aus dem Publikum bei einem Trick assistierte.

Die Kinder staunten, staunten und staunten, als ihr Papa plötzlich neben dem Magier auf der Bühne stand. Er musste zwei Zahlen sagen, 20 und 30 wählte er, und welche Farbe seine Boxershorts haben und die waren blau. Auch die beiden anderen nannten je eine Zahl und der eine sagte 14 Tage und die dritte Frau erwähnte ihren Geburtstag am 9. September. Andere zufällig aus dem Publikum ausgewählte Personen hatten vier Schlüssel. Alle Personen waren in der Tat zufällig ausgewählt, wie es auch mit unserem Papa geschehen war. Dieser musste nämlich mit dem ersten dieser vier Schlüssel einen Kasten, der im Vorfeld vor der Show sichtbar und mit einem für diesen Schlüssel passenden Schloss verschlossen an der Saaldecke befestigt worden war, aufschließen. Die anderen schlossen mit den verbleibenden drei Schlüsseln weitere, sich in diesem Kasten befindliche Kisten auf. Zum Schluss waren da ein Paket, das der Papa erhielt, und ein Stück Papier darin.

Als David Copperfield das Papier entfaltete, standen da die Zahlen und Eigenschaften wie blau für die Boxershorts von unserem Papa, aber auch die Eigenschaften der anderen drei aus dem Publikum, die der Magier zuvor auf einer Tafel zum Abgleich notiert hatte. Das war unglaublich! Die Begriffe stimmten überein! Er packte das Paket in Papas Händen aus, darin befanden sich zwei Autoschilder. Die Zahlen auf beiden zusammen ergaben – die Zahlen der drei Personen! Papas Einsatz ging nun aber noch weiter. Er und der andere Mann von den drei Auserwählten mussten sich an zwei Säulen hinknien. Dann fiel ein Vorhang über sie. Die Kinder hatten die ganze Zeit schon die Münder offen, ich musste ihnen jetzt nur versichern, dass alles gut war und Papa nicht weggezaubert werden würde.

Der Vorhang fiel und über Papa stand plötzlich – ein Auto! Einfach nur Wahnsinn! Er meinte später, dass er keine Ahnung habe, wie das passiert sei, plötzlich war nach einem Knall etwas über ihm. Das war dieses Auto. Sophie hatte sich so auf den Trick mit dem Auto gefreut und zuvor noch gemeint: „Mama, die Bühne ist aber klein. Kann der da wirklich ein Auto wegzaubern?" Weggezaubert hat er es nicht, dafür hergezaubert und das mit der Hilfe unseres Papas!

Verständlicherweise waren die Kinder hin und weg und so stolz auf ihren Vater. Zum Schluss sprach er sogar ein paar Takte mit dem Meister auf der Bühne und schüttelte ihm die Hand. Diesbezüglich wurde er natürlich ausführlich nach der Show interviewt.

So ging das dann die ganze Show über weiter. Immer wieder bezog er das Publikum ein und vollführte verschiedene Illusionen und seine Magie. Mein Hirn schaltete irgendwann ab und wollte gar nicht mehr hinterfragen, warum, weshalb und wieso und wie das funktionieren kann. Es war schön, sich der Illusionen einfach hinzugeben und ich als rationaler Mensch konnte mich so richtig fallen lassen. Ganz dabei und begeistert waren natürlich die Kinder. Wenn er etwas erklärte oder erzählte, dolmetschte ich ihnen das dann.

Später wurde beispielsweise noch ein beliebiges Wort völlig zufällig im Rahmen eines erneut komplizierten, in sich verschachtelten Auswahlverfahrens ausgewählt. Dabei handelte es sich um das Wort „Trust". Und dann tauchte dieser Begriff plötzlich auf allen Armbändern, die ja vor Showbeginn an das Publikum im Saal verteilt worden waren, unter Neonlicht auf.

Oder ein ganz spontan erzählter Traum einer ebenfalls zufällig aus dem Publikum ausgewählten Frau mit dem Namen Heike, auch eine Deutsche, erschien auf einer zuvor aufgehängten Tafel. Auf dieser befanden sich im Konterfei von Michael Jackson ihre gesamte Geschichte, die sie gerade erzählt, und der Name, den sie zuvor verdeckt auf eine Tafel geschrieben hatte. Und, um das Fass zum Überlaufen zu bringen, erhielten alle, die zuvor eine E-Mail an die besagte Adresse geschickt hatten, acht Minuten zuvor bereits eine E-Mail mit dem Konterfei von Michael Jackson und der Geschichte der Frau als Poster mit David Copperfield im Hintergrund... Da hatte sie diesen Begriff noch gar nicht ausgewählt.

Das alles lässt sich nur ganz schwer beschreiben und

ich weiß nicht, ob ich mich gerade beim Verfassen dieser Zeilen den Illusionen zu sehr hingebe. Wem das alles nicht logisch erscheint, dann tut es mir leid, logisch erklären ließ sich die Show für mich nicht, alles war einfach eine wunderschöne, unlogische Illusion.

Das waren nur zwei der Tricks, die er zum Besten gab. Viel zu schnell waren die eineinhalb Stunden rum und wir waren alle nur noch eins: geflashed. Auf unseren Augen stand in dem Moment nur ein Wort: „Tilt!" Diese Show, die wir extra als Abschluss unserer Reise hier in Las Vegas gebucht hatten, war mehr als ein Abschluss. Sie war der Wahnsinn, auch für die Kinder, zumal Sophie ja selbst gerne zaubert. Sie und ihre Geschwister saßen die ganze Zeit nur mit offenem Mund staunend da.

Ich hatte zuvor einmal das Thema Reizüberflutung erwähnt. Genau der Punkt war nun erreicht. Mehr geht einfach nicht mehr. Mehr als dieser Wahnsinn ist nicht drin. All das zu erleben ist für uns Erwachsene schon immens. Wie geht es erst den Kindern?

Zu Fuß gingen wir zurück zum Hotel. Das tat gut, so konnte man auf dem Weg wenigstens ein wenig herunterkommen. Gleich ins Bett wäre sofort danach gar nicht möglich gewesen. So sahen wir dann auch noch die bunte Glitzerwelt des unteren Strip-Abschnitts mit dem Hotel New York New York und der Freiheitsstatue, dem Luxor mit seiner Pyramide und dem Laserstrahl hinein in die Schwärze der Nacht und das bunte Excalibur. Doch eigentlich nahmen wir das gar nicht mehr so richtig wahr.

Im Hotel gingen die Kinder gleich ins Bett und waren auch sofort eingeschlafen. Sie schliefen nach diesem Ereignis gut, was mich, ehrlich gesagt, wunderte. Wir warteten allerdings noch einen Moment und gingen nicht gleich ins Bett, das war nicht möglich. Wir ließen den Abend einfach noch einmal Revue passieren.

So ging ein wahnsinniger Tag mit einer Wahnsinns-Show zu Ende. Unser Papa war bei David Copperfield auf der Bühne und bei einem Trick involviert! Das muss man erst einmal realisieren. Das ist gar nicht so leicht. Das ist so etwas Besonderes und ein so krönender Abschluss einer herrlichen und unvergesslichen Reise. Diese Reise ist unschlagbar und das wahrlich bis zum Schluss. Mit den Lichtern dieser sündigen Stadt und dem Lärm einer nie ruhenden Metropole unter uns, geht dieser vorletzte Tag schließlich doch irgendwann für uns zu Ende.

Aus Sophies Tagebuch...

Am zwanzigsten Tag sind wir aufgestanden, haben gefrühstückt und sind zu einer Kapelle gefahren. Danach sind wir zu einer alten Casinostraße gefahren. Dort sind wir ein bisschen entlang gelaufen. Danach sind wir den Strip entlang gefahren und zum Hotel. Dann hat Papa das Auto weggebracht. Wir sind in der Zeit baden gegangen..

Am Abend haben wir uns David Copperfield angeguckt und ich muss sagen, für die Zaubertricks gibt's keine Erklärung. Außerdem hat Papa auch mal bei einem Trick mitgemacht. Es war ein ganz besonderer Trick, es war der bekannte Autotrick. Außerdem konnte Papa sich den Trick auch nicht erklären. Als die Show zu Ende war, sind wir zurück ins Hotel und ins Bett. Die Show war toll, witzig und erstaunlich.

Tag 21: Der letzte Tag

Irgendwann ist es soweit und auch die schönste Reise geht zu Ende. In unserem Fall und insbesondere nach dem Erlebnis am Vorabend war das auch gar nicht schlecht, um der Reizüberflutung vorzubeugen. Nach einer guten Nacht stehen wir an unserem letzten Tag also auf. Vielmehr war ich heute die Erste! Es folgen der Papa, und dann die drei mit Sophie zum Schluss. Diesen letzten Tag wollten wir ganz gemütlich und entspannt verbringen.

Ein paar Programmpunkte hatten wir zwar noch, doch alles war nur halb so schlimm. Zunächst frühstückten wir wieder mit den im Market Café organisierten Sachen und dem Kaffee im Zimmer. Die 100 Dollar des Vouchers waren aufgebraucht. Anschließend ließen wir es langsam angehen und machten uns gemütlich auf zum Eiffelturm. Die Coupons für einen ermäßigten Eintritt hatten wir ja.

Beim Eiffelturm angekommen, war gar nicht viel los. Kein Vergleich mit dem Original in Paris. Dort hatte ich es dieses Jahr nicht nach oben geschafft, weil alles drei Monate im Voraus im Internet ausgebucht war und man keine Chance auf ein Ticket hatte. In Las Vegas sollte es nun aber klappen! Und so fuhren wir für 30 Dollar, also auch deutlich günstiger als beim Original auf den genau halb so hohen, naturgetreuen Nachbau und erfuhren dabei, dass er leider aufgrund der Flughafennähe nicht höher gebaut werden durfte, und dass sich die Baukosten in Höhe von 30 Millionen Dollar bereits in zwei Jahren amortisiert hatten.

Die Aussicht von oben war wunderschön, man sah auf Las Vegas bis zu den Stadtgrenzen in alle Himmelsrichtungen. Wir genossen den Ausblick auf der Plattform, auf der nicht viel los war, machten Fotos und fuhren dann wieder hinab. Der Programmpunkt Eiffelturm konnte somit abgehakt werden.

Als Letztes wollten wir uns noch das Casinohotel Venetian mit seinen Kanälen und dem Venedig-Nachbau ansehen, da wir auch hier das Original kennen. Von Paris ging es also direkt nach Venedig und zwar den Strip entlang. Dort liefen wir dann am Kanal entlang, sahen den Campanile, den Markusplatz und den Canale Grande originalgetreu nachempfunden. Auch hier liegt wieder alles unter einem künstlichen, blauen Himmel. Las Vegas ist einfach eine einzige Show, das mussten wir hier erneut feststellen.

Zurück gingen wir auf der anderen Stripseite am Mirage vorbei über die Forum Shops, das Caesar

Palace ins Bellagio und dann ins Vdara. Das waren insgesamt sieben Kilometer zu Fuß! Aber das war gut, denn am nächsten Tag würden wir ja lange im Flieger sitzen. Und wer schlendert schon innerhalb von sieben Kilometern vom Eiffelturm in Paris über den Canale Grande in Venedig ins Römische Reich?

Im Anschluss daran durften die Kinder ein wenig fernsehen und wir gingen für eine Stunde in das Casino, das im ans Vdara grenzende Casinohotel Bellagio lag. Ich war zwar vor vielen Jahren schon einmal in Salzburg im Casino, gespielt hatte ich aber noch nie.

Beim Durchgehen konnte ich mich eigentlich nicht für das Geflimmere und Gespiele begeistern, doch wenn wir jetzt schon in Las Vegas waren, wollte ich dieses Gefühl auch einmal haben. Das gehört dazu. Da wir uns auf die Kinder verlassen können und das Hotel sehr sicher war, gönnten wir uns diese kurze Auszeit in den drei langen Wochen nun. Sie waren im Zimmer vor dem Fernseher gut aufgehoben.

Wir gingen zum Roulette und um es kurz zu machen: Auch das Gefühl beim echten Spielen überzeugt mich nicht. Ich bin viel zu rational, mir gefällt nicht die Eile und das spontane, unüberlegte Handeln, zu dem man hier angetrieben wird.

Zum Schluss hatte es zumindest eine Stunde gedauert, bis ich 120 Dollar verspielt hatte. Spaß hat es nicht wirklich gemacht. Dieser Sache kann ich nichts abgewinnen und die 120 Dollar hätte ich gewinnbringender im Victoria's Secret oder für die Kinder im Disney Store anlegen können. Die Erfahrung war es aber allemal wert und ich wollte sie ja auch unbedingt machen.

Zurück im Hotelzimmer packte ich zunächst unsere Sachen zusammen, um zu sehen, ob alles in unsere Gepäckstücke passt. Das war recht schnell erledigt und mit ein wenig Umräumen schon getan. Das Leben aus dem Koffer funktionierte ja schon seit fast drei Wochen problemlos. Ich bekam auch alles in den vier Gepäckstücken – ich nahm noch die vierte Reservetasche dazu – trotz der Einkäufe unter, sodass wir kein zusätzliches Gepäckstück benötigten.

Mit den Kindern gingen wir dann noch ein letztes Mal an den Pool. Es war Freitag und der Beginn des Wochenendes in Las Vegas. Das merkte man auch überdeutlich am Pool, der sehr voll war. Was aber am meisten abschreckte, waren all die Herrschaften mit ihren Bierdosen und Alkoholgläsern – jawohl, Gläsern – im Wasser. Partylaune vom Feinsten am und im Pool eines Fünf-Sterne-Hotels.

Auch das konnte und wollte ich eigentlich nicht mehr genießen. Am nettesten dabei war, dass wir eine andere Deutsche auch mit drei Kindern im Pool kennengelernt hatten und uns mit ihr unterhielten, bis wir um vier Uhr dann von dannen zogen. Sie fliegen einen Tag nach uns heim und ich sagte nur, dass mir am meisten vor dem schlechten Wetter, das an San Francisco-Temperaturen anmutet, graute. Das hatte ich die letzten Tage in meiner Wetter-App mit Blick auf die Rückkehr zu Hause schon beobachtet.

Allein deshalb genoss ich die letzte Sommerwärme hier am Pool, bevor wir dann aufs Zimmer gingen und uns alle duschten. Um fünf Uhr wollten wir ein letztes Mal hier so richtig zum Essen gehen. Das Mittagessen hatten wir dafür heute ausfallen lassen: In jedem Casino-Hotel gibt es ein Büffet-Restaurant und das Beste war laut Internet im Nachbarhotel The Cosmopolitan. Dort wollten wir den kulinarischen Abschluss der Reise begehen.

Wir duschten also das Chlor ab, was uns trotz intensiven Waschens, Einseifen und so weiter nicht vollständig gelang. Der Hotelpool war so penetrant gechlort, dass meine Hände noch Stunden später nach Chlor rochen. Apropos Chlor, gechlortes Leitungswasser hatten wir nun schon seit Pismo Beach eigentlich nicht mehr... Das sei nur am Rande erwähnt.

Um fünf Uhr brachen wir auf in das Nachbarhotel, damit es nicht zu spät werden würde. Heute, am Freitag würde später auch mehr los sein. Das war auch ein Grund, warum wir früher zum Essen gingen, aber als wir kamen, hielt es sich noch in Grenzen. Wir konnten gemütlich und ausdauernd speisen. Der Spaß kostete 146 Dollar, dafür war „all you can eat" mit Softdrinks und Säften inklusive. Ich denke, sagen zu können, dass sich zwei Stunden später diese 146 Dollar als sehr gut angelegt – besser wie im Casino – erwiesen haben.

Das war ein würdiger Abschluss beim Thema Essen unserer drei USA-Wochen: Alles wurde in kleinen Portionen angeboten und um alle Vorspeisen annähernd auszuprobieren, brauchte ich schon zwei Teller. Es schmeckte hervorragend und für so ein Essen zahlt man in Deutschland mindestens diesen Preis in Euro, für eine Person wohlgemerkt. Die Kinder waren insgesamt etwas günstiger, haben aber auch zugelangt und sich ordentlich bedient.

Zwei Stunden später gingen beziehungsweise rollten wir den kurzen Weg zurück in unser Hotel. An weitere Bewegung auf dem Strip wollte und konnte keiner mehr denken. Gemütlich und mehr als gesättigt ließen wir diesen letzten Abend mit den Lichtern der Stadt unter uns ausklingen. Am nächsten Tag sollte es früh losgehen.

Das war also unser letzter Tag, an dem wir die Geschwindigkeit des Erlebten deutlich reduziert hatten. Auch heute wieder fiel an jeder Ecke die Freundlichkeit der Amerikaner auf. Wirklich jeder sagt: „Hey Guys, how are you?" und das werde ich wirklich vermissen. Man spricht hier miteinander, man interessiert sich füreinander, wenn auch nur oberflächlich. Aber tiefgreifend muss es ja gar nicht sein, Hauptsache man denkt nicht nur an sich selbst. Das sind mit die menschlich gesehen schönsten Erfahrungen, die wir eingepackt mit nach Hause nehmen werden. Nicht alle Menschen denken nur an sich. Ein klein wenig Freundlichkeit tut niemandem weh.

Aus Sophies Tagebuch...

Am einundzwanzigsten Tag sind wir aufgestanden und haben gefrühstückt. Nach dem Frühstück sind wir zum nachgemachten Eiffelturm und ganz hochgefahren.

Danach sind wir zum nachgemachten Venedig-Shopping-Zentrum. Danach sind wir zum Hotel und in unser Zimmer. Dort durften wir fernsehschauen, während Mama und Papa ins Casino sind. Am Abend sind wir in ein tolles Büfett-Restaurant gegangen.

Tag 22: Auf dem Heimweg

Die Nacht war trotz des superbequemen Bettes und unserer so schönen Suite wie erwartet nicht gut. Das heißt, ich schlief schlecht ein und war bald wieder wach und konnte nicht mehr richtig einschlafen. Ich hörte somit sämtliche Geräusche von 32 Stockwerken weiter unten. Irgendwann in der Nacht gab es sogar, den Geräuschen nach zu urteilen, ein Wettrennen zwischen einem Raser, der lautstark durch eine der Straßen bretterte, sodass man ihn oder sie bis oben hören konnte, und der Polizei, die mit lautstarkem Sirenengeheul hinterher raste.

Die Kinder hingegen schliefen völlig problemlos und tief. Um auf Nummer sicher zu gehen und wirklich um halb sechs aufzuwachen, wurden das iPhone, der Wecker im Zimmer und last but not least der Weckruf aktiviert. Das wäre alles zwar nicht nötig gewesen, da wir beide eigentlich schon wach waren, aber man kann nie wissen.

Alle drei Kids ließen wir zunächst noch einen Moment schlafen und richteten zunächst nur uns her. Die Schlafkleider stopfte ich in eine der vier Taschen und so machte ich es auch mit den Badsachen, nachdem die Kinder fertig waren. Das Gemurre zumindest von den beiden Mädels war groß so früh am Tag: „Ich bin aber noch so müde..." Doch Zeit zum Schlafen ist heute noch genug im Flieger.

Das Heimreisefieber hatte mich gepackt und der Urlaub war zu Ende. Es kommt der Moment, da will man nur noch heim, auch wenn das insgesamt 13 Flugstunden und mit Zeitumstellung gefühlte 24 Reisestunden entfernt ist. Dieser Moment war nun da. Und nach allem, was wir noch in den letzten Tagen hier in Las Vegas erlebt hatten, war es an der Zeit. Länger hätten wir in dieser Stadt auch gar nicht bleiben wollen, schon gar nicht mit Kindern. Wir hatten alles gesehen und selbst Unmögliches erlebt. Was will man mehr? Bestimmt keine weiteren Partys am Pool, die am Wochenende nur noch heftiger werden.

Wir verließen unser Reich in Las Vegas, das letzte Mal auschecken und brauchten nur noch das Taxi zum Flughafen. Fünf Personen dürfen ja zusätzlich zum Fahrer mitfahren. Aufgrund unserer vier Taschen gingen wir davon aus, dass wir zwei Taxis brauchen würden. Dem war nicht so, denn man glaubt gar nicht, wie viel in ein solch kleines Taxi reinpasst.

Der Taxifahrer war dieses Mal gesprächiger und sehr nett und wir fuhren mit ein wenig Smalltalk zum Flughafen. Das dauerte keine zehn Minuten und ich sah noch einmal die riesengroße, unbebaute Fläche auf Höhe des Mandala Bay Hotels in Richtung Flughafen. Auf einer Karte sah das bebaut aus und so hatte ich mir das auch vorgestellt. Laut Taxifahrer baut hier nur keiner wegen der unmittelbaren Nähe zum Flughafen.

Wir gingen zum vollautomatischen Check-in. Hier konnten wir sogar das Gepäck einchecken und die gute Nachricht war, dass es direkt bis Düsseldorf eingecheckt wurde. Wir mussten uns also in Chicago bei unserem Zwischenstopp nicht mehr darum kümmern, was gut war und weniger Stress bedeutete. Nachdem wir und das Gepäck also am Selbstbedienungsschalter abgefertigt waren, gaben wir es noch ab. Und da wog unser großer Koffer plötzlich ein Kilo mehr als erlaubt war. Das hätte uns für den United-Flug 200 Dollar zusätzlich gekostet. Für diese 200 Dollar packten wir dann aber doch lieber noch ein wenig um. Das funktionierte und nun war alles gut.

Das Gepäck waren wir jetzt also bis Düsseldorf erst einmal los. Wir gingen zur Sicherheitskontrolle und hatten noch eineinhalb Stunden, also bequem Zeit bis zum Abflug. Da die Amerikaner ja so gerne Schlange stehen, hatte sich hier bereits eine lange

Schlange gebildet. Und das, obwohl der Flughafen ansonsten ziemlich leer war. Der Taxifahrer hatte uns erzählt, dass samstags nicht viele abfliegen. Die meisten – und es sind derzeit sehr viele da – kommen zum Feiern und Party machen schon freitags über das Wochenende nach Las Vegas.

Es dauerte aber gar nicht lange, wir sind einfach im entspannten Amerika-Modus unterwegs, und wir waren dran. Ein freundlicher, mit „hey Guys" begonnener Smalltalk, eine sehr kurze Sicherheitskontrolle und wir waren drin. Zum Gate D mussten wir eine Transferbahn nehmen. Der Flug war pünktlich, wir waren pünktlich, auch unsere Abreise funktionierte wie schon alles in den letzten drei Wochen einfach wie am Schnürchen.

Pünktlich um halb neun hob also der Flieger ab in Richtung Chicago. Dort haben wir drei Stunden Aufenthalt und um 17 Uhr Ortszeit geht es weiter nach Düsseldorf. Dort landen wir dann morgen, am Sonntag, um halb neun. Auch das wird alles funktionieren und wir fahren schließlich mit unserem Gepäck und unendlich viel eingepackten Eindrücken und Erlebnissen noch drei Stunden nach Hause.

So dachten wir. Beim Abflug konnte ja noch keiner ahnen, dass, nachdem wirklich alles, einfach alles, reibungslos geklappt hatte, ausgerechnet unser United-Flug, von dem wir in Chicago in die Lufthansa-Maschine nach Deutschland umsteigen würden, umgeleitet wird und in Rockford, etwa 100 Meilen vor Chicago, aufgrund eines schweren Unwetters zwischenlanden muss. Hier stehen wir also und sind zunächst einmal froh, einen Slot von drei Stunden in Chicago zwischen den beiden Flügen eingeplant zu haben. Das rechnet sich jetzt in dieser Situation durchaus.

Unser Flugzeug, aus Düsseldorf kommend, das uns nach Hause bringen sollte, befand sich derweil in diesem Moment im Landeanflug auf Chicago, was wir aufmerksam beobachteten. Wir durften während der Pause ja die Geräte benutzen und online gehen. Unsere Oma riefen wir zu Hause kurz an und gaben Bescheid, dass wir möglicherweise später kommen und sie auf dem Laufenden halten werden. Unser Slot von drei Stunden schmolz nämlich und in der Zwischenzeit war die Lufthansa, die uns nach Deutschland bringen sollte, in Chicago O'Hare planmäßig gelandet. Anscheinend hatten alle Flugzeuge, die aus der anderen Richtung kamen, keine Probleme mit einem unfreiwilligen Zwischenstopp und das Unwetter betraf nur all jene, die aus dem Westen angeflogen kamen – wie auch wir.

Endlich kam die Information, dass es in etwa zehn Minuten weitergeht und der Flug nach Chicago 15 Minuten dauert. Nach einer gefühlten Ewigkeit – in amerikanischen Maßeinheiten – ging es dann weiter.

Katharina hatte bis zu diesem Zwischenstopp geschlafen. Nun war sie wach und hatte verständlicherweise Hunger. Wir hatten ja nicht gefrühstückt. Eine sehr nette, junge Frau aus Las Vegas auf dem Weg nach London und Paris mit einer Gruppe Mädels bot mir Müsliriegel für die Kinder an. Sie hätte genug davon. Sie war so nett und wir unterhielten uns noch die kurze verbleibende Flugzeit über. Ich konnte ihr immerhin gute Tipps zu beiden Städten und vor allem zu den Originalen wie Eiffelturm und London Eye geben, von denen sie nur die Kopien in Las Vegas kennt.

In Chicago angekommen, waren wir dann ganz schnell am Gate ohne jegliche weitere Kontrollen. Hier fanden wir auch etwas gegen den Hunger, der uns nun alle plagte. So spät hatten wir ja nicht mit unserer Ankunft in Chicago gerechnet. Ein Toilettengang konnte ebenfalls erledigt werden und wir hatten trotz Verspätung doch noch ausreichend Zeit, um durchzuschnaufen.

Aus Sophies Tagebuch...

Am zweiundzwanzigsten Tag sind wir um 5:30 Uhr zum Flughafen gefahren. Danach haben wir unsere Koffer abgegeben. Als wir im Flieger nach Chicago saßen, war es bestimmt schon eine Stunde später. Also sind wir gestartet.

Aber leider war in Chicago ein Sturm und wir mussten woanders landen. Danach sollten wir warten, bis der Sturm zu Ende ist. Dafür mussten wir dann, als wir in Chicago gelandet sind, dort nur eine Stunde warten. Anschließend sind wir im nächsten Flugzeug neun Stunden nach Düsseldorf geflogen. Dort angekommen mussten wir noch drei Stunden Autofahrt durchhalten, bis wir wieder zu Hause waren.

Zu guter Letzt

Das Buch endet an dieser Stelle und ist voll mit all unseren Erlebnissen, die ich jeden einzelnen Tag während unserer Reise von A nach B, dann C, D und so weiter bis wieder nach Hause sozusagen in Echtzeit niedergeschrieben habe. Auch Sophie hat durchgehalten und jeden einzelnen Tag aus ihrer Sicht notiert.

Vor drei Wochen war die Vorfreude groß und jetzt geht es zurück mit einem unendlich großen Sack voller Ereignisse, Freuden, Erkenntnisse und herrlicher Tage auf einer Rundreise durch fünf amerikanische Bundesstaaten. Eine Rundreise, bei der wir richtig gut vom Alltagsstress abgeschaltet haben und das nicht nur aufgrund der neun Stunden Zeitdifferenz.

Ein Urlaub, der von Anfang bis zum Ende sehr gut durchorganisiert war und der reibungslos funktioniert hat. Außer der Enttäuschung über das Hotel am Lake Havasu und den dort nicht erwarteten so heißen Temperaturen, wodurch nicht mal das Ausruhen am Pool eine tatsächliche Entspannung war, hat die gesamte Reise unsere Erwartungen mehr als übertroffen. Und die waren, um ehrlich zu sein, schon im Vorfeld hochgesteckt.

Auch mit den Kindern waren die drei Wochen mit allen Unwegsamkeiten wie Zeitumstellung, vielen Menschen, viel Trubel, spät ins Bett gehen, fehlender Schlaf, viel Fahrerei mit dem Auto gar kein Problem. Außer den üblichen Fragen wie: „Wann sind wir endlich da? Wie lange dauert es noch?" haben sie alles, und auch wirklich alles ganz tapfer mitgemacht und hatten nach all dem Input nicht mal einen Overkill, sprich ein Problem mit der dauerhaften Reizüberflutung. Selbst der nicht geplante Zwischenstopp vor Chicago und die daraus resultierende Verspätung von eineinhalb Stunden waren trotz ausgefallenem Frühstück kein Problem.

Natürlich kommt es zwischendurch, gerade wenn man so lange so eng aufeinander sitzt – und wir schliefen ja doch das ein oder andere Mal zu fünft in einem Raum – zu Unstimmigkeiten untereinander. Aber rückblickend und im Verhältnis zu allem Erlebten hielt sich das alles doch sehr in Grenzen und die Kinder wurden auch mehr als einmal von Fremden gelobt. Wir selbst als Eltern sehen die Situation ja meist aus einer anderen Perspektive und sind emotional mitten drin im Geschehen.

Sehr positiv ist uns schon seit dem Beginn unserer Reise der Umgang miteinander und das Zwischenmenschliche in den USA im Vergleich zu unserem

Zuhause aufgefallen. Das „Hey Guys, how are you?" werde ich sehr vermissen. Die Freundlichkeit und eben der Umgang miteinander waren keine Urlaubsillusion. Das war Realität und es funktioniert. Man selbst wird dadurch lockerer, entspannter und gelassener und sieht die Welt mit anderen Augen.

Was man außerdem noch als Erfahrung aus dieser Reise mit nach Hause nehmen kann, ist, einfach auch mal vom ursprünglichen Plan loszulassen und auf etwas zu verzichten. Die Gründe hierfür können vollkommen unterschiedlich sein. So haben wir beispielsweise bereits bei der Planung den Yosemite Nationalpark aus dem Programm genommen und somit keine komplette Rundreise gemacht, da uns das zu weit und zu viel erschien. Das stellte sich im Nachhinein als sehr klug heraus. Wir wären nämlich gar nicht mehr aufnahmefähig gewesen.

Auch das Valley of Fire oder eine Cowboy-Stadt am Rande von Las Vegas wurden kurzerhand aus dem Programm genommen, weil auch das zu viel geworden wäre. Na und? Wir haben dennoch nichts verpasst und all das nicht Gesehene kann man irgendwann einmal nachholen oder eben nicht. Das tut dem Gesamturlaub und allem Erlebten keinen Abbruch.

Dieser Urlaub war etwas Besonderes. Ich hoffe, dass es unserer Tochter Sophie und mir durch unsere Aufzeichnungen gelungen ist, Sie, lieber Leser, ein Stück weit mitzunehmen auf unserer spannenden und ereignisreichen Reise durch die USA.

Es war einzigartig und bleibt unvergessen.

Danke

An den Papa, der den Großteil der Reise genial organisiert, vor Ort gemanagt und uns quer durch fünf Bundesstaaten mit einem riesigen Schiff immer sicher und sogar ins niedrigste Parkhaus chauffiert hat.

An die Kinder, die sich über die ganze Reise (nahezu) tadellos verhalten haben und an Sophie, die sehr sorgfältig und motiviert ihr eigenes Tagebuch geführt und an Nicolas, der vor allem im Aquarium in Monterey wie ein Wilder fotografiert hat.

An Anni, Jose, Max und Leia für die Gastfreundschaft, die herrlichen Tage und Erlebnisse in Chicago und für zwei grandiose Geburtstagspartys!

An die Oma, die während unserer Abwesenheit unser Zuhause gehütet und sich dort um alles gekümmert hat.

An Janina Wiesler, die mit ihrem tollen Lektorat und ihren wertvollen Tipps diesem Buch den letzten Schliff verliehen hat.

An alle freundlichen, offenen und immer zu einem Smalltalk aufgelegten US-Amerikaner – hey guys, how are you? We will miss you…

An alle, die dieses Buch lesen!

Auf Reisetipps und Bilder habe ich in diesem Buch verzichtet. Diese sind auf einer separaten Monosite zum Buch unter www.2200-meilen.de zu finden und sollen Ihnen, lieber Leser, weitere Zusatzinformationen und Eindrücke zu dem von uns fünfköpfiger Familie Erlebtem geben. Ich wünsche viel Spaß damit!